AQUARIUS

AQUARIUS

AQUARIUS

AQUARIUS

Vision

一些人物，
一些視野，
一些觀點，
與一個全新的遠景！

此生聚散，
你要
敢愛敢當
李愛玲

推薦序／

不把自己的人生，掛在別人身上

黃大米

小君是服飾店的店員，我太愛去她店裡買衣服，久了、熟識了，也就交換起彼此的人生故事。她的先生開計程車，不怎麼勤快。家裡有兩個孩子，一家四口窩在姊姊家，但其實她跟先生有一間房，出租給別人。

「怎麼不自己住？」我問，一般人難免會好奇吧。

她雙手摺著被客人試穿後雜亂的衣服，聲量降低回答：「沒錢啊。把房子拿回來自己住的話，錢不夠用啊，租給別人才有錢。」

錢錢錢，錢逼得人必須寄人籬下，雖然親人包容，但生活上總有不便。對這樣挨擠過日的人生，小君樂觀也認命，儘管生活瑣碎磨掉了她臉上的光。

曾經，她也是愛情市場裡的搶手貨，每次聊起這段，她總是笑得燦爛。

「那時候，我們家附近有個賣豬肉的男生，超喜歡我，但我阿姨叫我不要選他，說嫁給賣豬肉的，以後每天顧肉攤，不要不要，千萬不能要，這個不好。」

後來呢？「吼！人家後來買了店面，好幾間，出租給別人，現在老婆都沒有在工作，負責收租金、數鈔票。當初我如果不聽阿姨的話喔，現在也是賣豬肉王子的少奶奶了，不用在這邊摺衣服。」

我笑了出來，多可愛的想當年。

當年的事實是否如此，已不可考。在小君心中，怪得都是阿姨識人不明，讓她跟富貴命錯身。別認為小君這論調太犯傻，我們又何嘗不是她呢？

面臨人生中很多重要的決定，一下是爸媽這樣說，一下聽閨密那樣建議，我們就被聲控了。但你得有智慧去看透，別人對我們的人生只能出一張嘴，就算深愛我們，也無法替我們承擔做了決定的後果。

人生說到底，就是自作自受，無人可以幫你承擔什麼，能做的就是聽你訴苦。所以當做錯決定時，不要再說都是「某某某」當時這樣建議我。把錯誤賴給別人是容易的，但就會讓你在未來下決定時，學不會謹慎判斷與觀察自己。

小君對於人與人之間的界線有點模糊，三不五時愛問我：「賺多少錢？」

我笑笑回：「加上加班費，五萬左右。」

故意報少是為了讓小君好過，她還是羨慕，總說：「你真好，有念大學，薪水就高。早知道我多念點書，就不會像現在這樣辛苦。」

我很喜歡小君，她熱情又真誠，但內心也替她可惜。她有著一肩扛起家計的堅毅，卻沒有改變自己人生的勇氣，經年累月所碎念的事情，成為一個迷宮，困住她的情緒，也困住她的未來。

如果人生不想日復一日，抱怨的內容不斷重複，那麼，要如何突圍呢？作家李愛玲在《此生聚散，你要敢愛敢當》這本書中，給了女生犀利又中肯的建議。這些良藥都有點苦口，但只要你願意吞下，試著去執行，就能掙脫鬼打牆的卡關。

一、你要有勇氣重新選擇

「選擇什麼樣的婚姻，其實都是擁有了一頭猛獸。你要學著將它收服，馴養。」這是李愛玲看待婚姻的方式。前方故事中的小君對先生非常包容，先生犯懶，不出去開計程車賺錢，她就自己加班多賺點。婚姻這頭野獸，把她吃乾抹淨，連骨頭也啃去。這不是愛，是害，害慘了自己，也寵爛了另外一個人。

婚姻對女人來說，很像是二次投胎，當良人不良，不論是外遇、家暴，還是好吃懶作、沒有擔當，你要能做到「**我能慣著你，也能換了你**」，這才是真正底氣。有這樣的氣魄，就算遇到像爛泥扶不上牆的男人，他也沒有狗膽不振作，因為你會休了他。

二、被男人拋棄算什麼，被時代拋棄才可怕

「每天叫醒我的不是夢想，是必須繳納的帳單與貸款」，活著的每一秒都要消耗銀彈，沒有鈔票，想買醉還沒有錢。

沮喪人人有，每個年紀承擔的重量大不同，「**年輕人的沮喪，大部分是煩惱。中年人的沮喪，才是真格的痛楚。**」**人到中年怕的不是衰老，而是人生半局，突然被資遣，一切轉眼雲煙。**

時代變化得太快了，你要常檢視自己還有多少競爭力。如果出社會後，就不再學習，靠的是過去的資本，那麼被掏空的速度將快到超乎你想像。在變化快的職場中，企業自己都不知道是否還有明天了，怎還顧得上你。多學點技能，或者念個學位，都是在儲蓄自己的本事，身上多幾種武功，比劃高下時，才能出奇制勝。

小君羨慕我有大學文憑，卻不曾聽聞她想去補這個缺憾。人人都有理由不去改變，但只要真心想要突破，一張大學文憑有這樣難嗎？把對於別人的羨慕，成為自己擁有的實

力，就能擁有更多競爭力。

三、別被賢慧纏足

媒體業名女人洪晃說：「**中國女人倒霉，全是『賢慧』鬧的。**」什麼是賢慧？是勤儉持家、洗衣燒飯樣樣會，吃苦耐勞家務全包。在現代社會想要做到這樣，必須能夠在職場上是女超人，回家一秒變身灰姑娘，一人分飾八角才有辦法。因此，李愛玲選擇的賢慧是「**閒在家裡，什麼都不會**」。她情願被諷刺，也不想因為被讚美賢慧，日夜犧牲奉獻，忍辱負重。我認為在這個時代，能上班養活自己的女生，就是賢慧。不把自己的人生掛在別人身上，任人宰殺。

人生路上，陪你看風景的人，會不斷換血、輪班，唯有自己不會背叛自己。讓自己變強大，感情上敢愛、敢恨，工作敢拚、也敢走，獨立自主的女人最有魅力。

自序／

你敢愛，就敢當

我算不上一個特別勤奮的寫作者。

一年寫十幾萬字，有興之所至時的一揮而就，也有看過讀者留言後的傾心而談。

我在一段段傾訴裡感知，在一個個故事裡反觀，自有輕吟淺唱般的共鳴，也有江河奔流般的震撼。

這是我，作為一個寫作者的幸運。

這是我的第四本書。寫下這些字的此刻，我剛完成一場青島與上海間的往返，一天之內，朝往暮歸。

當飛機盤旋在我所定居的這座海濱城市的夜空，明月清冷，星光寂寥，那一刻，有一種孤寂靜默的富足感。

想起曾被人問：「你把自己搞那麼忙，累不累？」

當然累。

累過之後依然攻堅克難甘之如飴，這背後，一定附帶著更物超所值的收穫。

人生不就是三件事嗎——

你要什麼、如何得到、願為此承擔什麼代價。

今年上半年，我也經歷過一個很焦慮的階段。

每日惶惶，上緊發條往前衝。卻又不知去向哪裡，終點何處。

那個階段讓我承受了史無前例的壓力，卻也讓我更加理解了那些在某個凌晨、某個風天、某個雨夜，隔著屏幕對我寫下幾百字留言的人。

有人在情愛路上跌跌撞撞，終究夙願難償。

有人在不惑之年四面楚歌，不知路在何方。

有人在勞勞塵夢裡左奔右突，依舊慌恐惶惑。

焦慮深處，都是恐懼。

恐懼背後，皆有傷痕。

當你明白這傷痕的來處，便理解這恐懼的源起。

當你瞭解這恐懼的所在，便知曉了心安的去處。

以前有讀者問我怎麼理解「幸福」，我會脫口而出喜寶名句：「要有很多愛，也有很多錢。」

如今若再問，我的答案會是：「能與自我和解，接納，以及負責。」

因為世間幸福本無標準答案，那只是一種極其個人化的感受。

它私密，隱蔽，心照不宣，你情我願。

能讓自己幸福的人，並不僅靠自我的獨立和經濟的強大來成就，而是一份全然負責的擔當和勇敢。

人人都曾喟嘆際遇，感慨飄零，厭倦重複，抱怨不公。

你我也曾跌跌撞撞，上下求索，辛苦營役，愛而不得。

我們以為，不幸福是因為搞不定一個問題、一段關係。

卻不知，那只是因為我們搞不定自己。

不敢面對自己的脆弱與缺憾，不敢正視自己的虛妄與不安。

我一度很迷信「能力」、「強大」這種詞，堅信凡是問題，必有方法解決。

而這一年我最大的成長在於，明白有些事不需要解決，只需要接納與共存。
與問題共存。與困難共存。
與孤獨共存。與痛苦共存。

人生就是一場進行式，能量守恆，得失各半。
任何事，任何感情，無論對錯輸贏，都是一種無可替代的獨家體驗。
我們來這世上，就為飽經風霜。
只管去開天闢地，勇闖世間。
哪怕是孜孜矻矻，篳路藍縷。

你敢愛，就敢當。
愛過的人，終究是賺了。即使曲終人散，也值得流連再三。
我會陪你走到渡口，看你勇敢泅渡，然後揮手作別，江湖聚散。
願你有愛，也有膽。

目錄

此生聚散，
你要敢愛敢當

PART 2
熬過虛無與暗夜，終有愛與恩慈

目錄

此生聚散，你要敢愛敢當

PART 4 一個女人的成熟，就是最牛的整容術

目錄

PART 1

既知此生難周全，不如放膽

歲月長，衣衫涼。
你只有走過之後才有資格回頭看，
當初痛哭過的深夜，
原來恰好有月光。

誰痛苦誰改變，誰成長誰受益

真正成長起來的人，不會把幸福交由他人負責，
而是敢於遵從內心真實的聲音，有底氣地做出選擇。

01

公司團購了一個家庭教育課程，報名的時候，有意思的一幕發生了：超過半數的男員工，都是給自家老婆報的。而女員工多數是想回家和老公溝通，讓他和自己一起參加。

我做了一個簡單調查——給老婆報名的男同事，都是統一認知：平時都是老婆管孩子，她需要學習。想回家叫老公一起報名的女同事，也一致認為那個豬隊友太需要改進。

有趣的結果出現了——給老婆報名的，基本都同意並確認了。回家和老公商量的，無一不是鎩羽而歸。

這是一個非常有代表性的現象，不只一個家庭、一家公司，而是當下整個社會呈現出來的兩極化——女性的求知欲、成長欲呈現出前所未有的蓬勃趨勢，尤其是媽媽群體。而廣大男同胞還停留在拒絕接受世界的變化，堅信自己沒問題的階段。

遇到學習機會，女人想到的是帶上男人一起進步。

而男人的直接反應是：沒我啥事，讓老婆好好學學就行了。

女性群體日趨攀升的成長需求，有大數據為證：在「小鵝通」知識付費平台，女性用戶達到百分之六十二，而在擁有一點五億用戶的知識網站「荔枝微課」，女性用戶占到百分之七十。

那麼問題來了——這個社會，憑什麼女人在不停成長，男人卻可以不思進取？

每次想到這一點，女人們就憤憤不平咬牙切齒，恨不能踹了家中那個不成器的豬隊友。

我有一個讀者，平時很少留言評論，但每次，只要我的文章觀點是倡導女性成長，她一定會在後台留言質疑：

「你也是女人，怎麼不說讓男人成長，成天喊著讓女人成長，男人都幹麼？」

「你這種觀點就是男權的幫凶，讓他們更加懶散，不求上進！」

「現在女人也要工作賺錢，一樣養家，還得帶孩子做家務，憑什麼總讓女人成長？」

我特別理解她這種情緒。

她的不平與不甘，其實代表了相當一部分女性的觀點：一樣的人生父母養，一樣的賺錢也養家，憑什麼？

02

相比男性，女性對親密關係、情感品質的要求通常更高。

不必看大數據，看看身邊人就知道了——吐槽老公、抱怨婆婆、被熊孩子氣吐血的都是女人。

而對男人來說，沒有什麼煩惱是一頓燒烤喝酒吹牛解決不了的。如果不行，那就兩頓。

女人不滿，因為她更在意關係，在意感受。

所以，這是我們要探討的**第一個重點——誰痛苦，誰改變。**

太多女人都活在「他做得不好，所以我才不幸福」的模式裡。

當你勇於打破這個困局，模式就會變為「我為我的幸福負責，所以我願意為此做些什麼」。

中國男人大多是迴避型，兩人吵架了就不說話，家裡氛圍不好就不肯待在家裡，在公司加班、打遊戲，回來後蒙頭大睡，不是他們喜歡這樣，而是他們不知道如何面對和處理這些問題。

女人對現狀不滿，願意去反思、學習，尋求成長和突破，這就是勇於對自己負責的表現。

所以你更該明白，成長是為了誰而做的？學習是為了誰而學的？改變是為了誰而變的？

沒有別人，只有自己。

女人的自我成長，不是為了去改變男人，而是以自我為軸心，看到自己的優劣多面和成長空間，去提升薄弱的部分，擁有更多讓自己幸福的能力。

他成不成長，那是他的事，你只能管好自己的事。

這世間最殘酷的真相之一就是，我們無法改變和控制任何人。

無論是生你養你的父母，還是你生你養的孩子，更別說那個沒有半點血緣關係的婚姻伴侶。

如果你是為了自己而成長，就不會把關注點聚集到他人身上。

03

女人改變了，男人就一定會變嗎？

不一定。

那為什麼還要女人改變？

這就是**第二個重點——誰改變，誰受益**。

有個段子：努力不一定會成功，但不努力一定會很舒服。

我們都習慣活在自己的舒適區裡，走出舒適區，進入挑戰區，一定會有痛苦。

但這份痛苦改變的背後，最大的獲益者一定是自己。

女人在自我成長之後，可能會面對三種結果。

・第一種：你變了，他也奇蹟般地變了。

一個朋友之前經常跟我抱怨老公不陪孩子，孩子交到他手裡，過不了十分鐘就被弄哭，男人只能一臉無奈地交回她手裡，久而久之，乾脆不提了，反正也哄不好，死豬不怕開水燙，沙發躺屍打遊戲。

她嫌他笨、蠢，恨自己瞎了眼，選了個窩囊廢。

後來一次偶然機會，她聽了一個關於溝通藝術的講座。回家後，她嘗試著率先做出改變。把「一個大男人連個孩子都哄不好，不如去碰死」換成了「我相信其實你心裡也很想做個好爸爸」，把「你這輩子都改不了這個死德行」換成了「我知道你只是還沒找到好方法」。她發現，男人的態度也開始發生改變。直至如今，徹底變成女兒奴，讓她儘管去美容瑜伽下午茶。

女人的強制和逼迫，都不是讓男人發生改變。

真正有用的，是感染和影響他。

．第二種：你變了，他沒變，但你發現自己願意接納了。

我曾經很受不了我老公慢條斯理的性格，經常嫌他「上個廁所比我生孩子還慢」。天生的個性迥異讓我不爽了很多年。

但在我瞭解性格和人格的形成、真正懂得寬容與柔軟之後，我願意發自內心地接納那些曾經讓我特別不爽的差異，我願意發現和欣賞他性格裡的「慢」而帶來的耐性和包容，願意承認他的鈍感力為我的家庭和孩子帶來的益處。

兩個人就像兩個星球，相愛時被各自的亮面所吸引，過著過著就到了用暗面來面對對方的軌道。

當我願意做出調整，接受磨合，我便能夠接納對方人性裡一半亮面和一半暗面的真相。

我終於肯承認，我們都是這樣的人。我看到並接納彼此真實的存在，才能活得更加誠實和坦然。

・第三種：你變了，他沒變，但你有勇氣重新選擇了。

有很多讀者問過我：

「難道男人出軌曖昧、不負責任，明明是他的錯，也得讓女人改變？」

「總讓我成長，那豈不更把他慣得不知天高地厚，得寸進尺了。」

「婚姻是兩個人的，光我改變，他不改變，有什麼用？」

不是所有人都是孺子可教，總有人是爛泥扶不上牆的主。

但一個勇於成長的人，有能力把選擇權握在自己手上。

他出軌曖昧，屢教不改，這種生活不是你想要的，那你可以為自己要的生活做些什麼？

他自私懶惰，不求上進，你不願跟他一起爛在泥裡，所以你需要怎樣對自己負責？

真正成長起來的人，不會把幸福交由他人負責，而是敢於遵從內心真實的聲音，有底氣地做出選擇。

成長，是貫穿我們一生的主題。

當我們學習過、努力過、反思過、改進過，再回頭審視自己，人還是那人，事還是那些事，你說不清自己哪裡變了，但分明，你看待問題的角度、層面、格局、思維模式，都不同於以前。

它像一場夜雨，潤物細無聲，令你煥然新生。

那些當初看讓你焦灼，迷茫，困頓，快要喘不上氣，幾乎活不下去的問題，雲淡風輕了，海闊天空了，豁達通透了，塵埃落定了。

這是成長賦予我們真正的意義——擁有更多智慧，生出更多慈悲。

就算那個人仍然停留在原地，又有什麼關係？你已經不在原地了。

這才是「你能慣著他，也能換了他」的真正底氣啊。

女人們，放下「憑什麼」的執念，只管去做吧。

此刻，當下。

只有你去做了，思索了，領悟了，你便懂得了那一句：世上沒有白走的路，每一步，都算數。

我有情與義，還要愛和你

有朋友也有對手，有底線更有溫柔；
能品茶也能拚酒，能賺錢更會享受。

01

眾女友夜宴，談及電影《後來的我們》，一眾熟女紛紛表示：沒時間感懷前任。一邊忙著賺錢和變美，一邊拖著隊友同上進，為股票基金學區房操碎了心，卯足勁兒對抗地心引力魚尾紋。

前任？Sorry！我們這樣的女人，只在乎現在進行式，不考慮一般過去式。當年不是沒有無知輕狂過，堅信愛情比天大，篤定有情飲水飽。

他是電，他是光，他是唯一的神話，永遠的Super star。

學霸女友Ａ，高中時代戀上同級學霸男神。男神亦有好感，但表示不考上心儀學校不談戀愛。上進好青年令她更加仰慕迷戀。那年黑色七月，男神高考（大學入學考試）失利，只能填報省內二本院校（分數過不了第一輪篩選，到了第二輪才被錄取）。她為愛不惜紆尊降貴，放棄已過分數線的上海「２１１」（中國二十一世紀的一百所重點大學），改報男神同款大學。最終造化弄人，被同市另一所高校錄取，與男神學校距離一小時車程。她從此化身花蝴蝶，每週末乘二路破公交往返於兩校之間。

不知多少次男神清晨一個電話「今天想吃豆漿油條」，她披衣出門一小時送到，比快遞小哥還準。男神接過即轉身，她乖乖跟去食堂，老母親般飽含深情看他吃完，一粒渣都沒給她剩。第二年男神生日，她用一學期饅頭就烏江榨菜攢下的生活費，買一只品牌手錶作禮物。不打招呼製造驚喜出現在男神宿舍樓下，卻見他與一藝術系女生勾肩搭背乘興而歸。她將手錶摔得粉碎痛哭失聲，一遍遍死不瞑目追問男神，「你，到底有沒有愛過我？」痛徹心腑愛過，粉身碎骨傷過，自此愛情入土相思化灰。

她加入考研大軍，拚得昏天黑地，重新考入上海「２１１」，從此男神是路人。如今面前的她，名校碩士外企高管，嫁與金融才俊，對方既是婚姻伴侶也是事業合夥人，家庭美滿兒女雙全。眾姊妹問：「如何評價當年為愛壯士斷腕自毀前程的壯舉？」

她笑吐煙圈，「**我們曾犯賤，想到就心酸。但是，成長不就是一個不斷發現自己是傻缺的過程嗎？**」

02

今年春天，我帶讀者旅行團去摩洛哥，有消息稱摩洛哥王妃離婚。讀者們當即向導遊求證。我向來不關注王室八卦豪門婚姻，但這位摩洛哥王妃，絕對是個值得欽佩的女人。

拉拉・薩爾瑪（Lalla Salma），一九七八年出生於摩洛哥古城菲斯，三歲喪母，由外祖母撫養長大。但從事教育工作的父親一直對她悉心教育，讓她從小擁有與眾不同的教養和見識。在摩洛哥，受高等教育的女性很少，不上學的女孩子比比皆是，但拉拉・薩爾瑪品學兼優，尤其是數學，這在當時的同齡孩子中已屬鳳毛麟角。

她初中畢業後進入哈桑二世國王中學數學班，然後又考入名校進修電腦工程。畢業後，拉拉・薩爾瑪進入北非證券集團成為ＩＴ工程師——舉國上下絕對稀缺的女性程式設計師。一九九九年，王室私人晚宴，當時還是王儲的穆罕默德六世，對集美貌和才華於一身的拉拉・薩爾瑪一見傾心。兩人開始交往，直至穆罕默德六世登基，穩坐國王寶座後，向拉拉・薩爾瑪正式求婚。

若是讓瓊瑤阿姨來寫這段，女主角要幸福到眩暈，然後執手相看淚眼，從此過上幸福的生活，可拉拉・薩爾瑪拒絕了。

她提出驚世駭俗的條件，只接受一夫一妻制。要娶我，就必須拋棄三宮六院的陋習。

也正是因為這一點，許多人指責拉拉・薩爾瑪心機重，欲擒故縱這招玩得信手拈來。但就是憑這一點，拉拉・薩爾瑪已秒殺無數甜心。**光說愛我有什麼用？我知道自己要什麼，所以我**

敢和你提條件。不與他人侍一夫，不配合出演深宮爭寵狗血劇。你有你的摩洛哥王國，我也有我自己的世界。

後來的事情，全世界都知道了。國王穆罕默德六世為表誠意，向全國頒布法令，執行一夫一妻制，並對外公布了即將與拉拉・薩爾瑪結婚的消息。王室大婚，舉國沸騰。拉拉・薩爾瑪被冊封為「拉拉・薩爾瑪公主」，從此與國王的姊妹享有同等待遇。

婚後，拉拉・薩爾瑪行使摩洛哥王國第一夫人的權力，隨國王出訪各國，參加各種慈善活動，落落大方，儀態出眾。她不戴面紗，用西式服裝取代阿拉伯裙袍。她青睞CHANEL、Dior、Jean Paul GAULTIER、DOLCE & GABBANA、GUCCI、PRADA等品牌高級訂製服。她還將喜歡的VALENTINO時裝進行改良，融入摩洛哥民族元素，穿出自成一派無可比擬的美。

多年來，拉拉・薩爾瑪為阿拉伯女性的權利和地位不遺餘力地奔走，成立多項慈善基金會，用於癌症研究和愛滋病預防，一次次刷新世界對女性的認知。這樣的女人，即使離婚，只不過留給世人感慨童話夢碎而已。她自己，依然是部傳奇。

從前，女人靠征服男人來征服世界。現在不必了，她自己也可以。

03

我絕對不會嘲笑，那些山無陵，天地合，乃敢與君絕的少年。也絲毫不會鄙視，那些在影院裡淚滿衣襟，感懷前任的男女。

就如同，我能理解那些唱著「我們愛得難捨難分，愛得奮不顧身」淚流滿面的人。青春肆意的時候，放任去愛吧；尚有力氣的時候，盡情去痛吧。

在「贏了你，輸了世界又何妨」面前栽過大跟頭的女孩，也不見得是壞事。你見識了這世間殘酷和生活本色，從此便可以少一些鏡花水月的虛無幻象，剩下的時間，心無旁騖地為自己去奮鬥。

愛情很重要，但不再是唯一。男人很要緊，但不是人生主線。

十七歲的我，會為瓊瑤劇「你只不過失去了一條腿，而紫菱失去的是整個愛情」而動容。

三十七歲的我，只會回一句，「老子要腿，去他的愛情。」

這就是一個女人質的蛻變——我不只要你的愛，還要我的全世界。

輸了世界，光贏個你有什麼用？

喝多少雞湯，讀多少詩詞，我還是想升職加薪漲本事，買車買包買大樓。那些價籤，從不會因為我愛得多深就減個零。

我來告訴你，**現在的女人要什麼——有朋友也有對手，有底線更有溫柔；能品茶也能拚酒，能賺錢更會享受。**

是的，我有情與義，還要愛和你。

所以，我們願為自己的貪心義無反顧地努力。

我們要在婚姻裡熬過多少年，才能釋懷那些心酸？

當有一天，我們全然接納自己作為一個凡人的脆弱和無奈，便也能接納婚姻的瑕疵和庸俗。

01

是夜，熊孩子睡去，正是中年夫妻賭書潑茶吹牛皮、圍爐夜話瞎調侃時。

聊到了雞湯文裡，那一段被男人奉為上品知音的句子：「男人每天下班回家到樓下，都會在車裡抽支菸，靜靜地和自己待會兒。因為只有那一刻，他不屬於家庭、不屬於工作，只屬於自己。」

我氣不平心不甘：「難道女人不需要屬於自己嗎？實話告訴你，我以前也經常下了班不回家，一個人去小廣場坐著。」

我說的是真的。

孩子嗷嗷待哺蹣跚學步那幾年，我不知多少次，下班後枯坐在街邊長椅，不想回家，不想說話。

我知道那扇門，是雞毛生活的大幕，一拉開，就是高跟鞋到屎尿屁的淪陷，職場菁英到瑣碎主婦的穿越，烈焰紅唇到遊塵土梗的退行，揮斥方遒到任人魚肉的落差。

家裡每一個人都讓我不滿，孩子囉嗦，父母嘮叨，而那個豬隊友兩耳不聞窗外事，閒庭信步滿臉淡定。

我也想有一個時刻，不是誰媽，不是誰女兒，不是誰老婆，只是我自己，行嗎？

老公愚鈍大條的神經，還是嗅到了我即將慷慨激昂、舉一反三、痛說革命家史的氣息，一杯泡好的正山小種紅茶及時遞過來。

我翻著白眼一飲而盡。

他說：「其實那時候，我也經常自己在車裡坐會兒。你知道嗎？我不是逃避看孩子，而是逃避你的態度。你在自己父母面前，有什麼都能直說，而我，有不滿也得忍住。」

我聽後一怔，滿心愴然。

倘若不是今夜，倘若不是話題湊巧聊到這兒，這麼多年，我從不知道，他也有這般悽惶酸楚的時刻。

原來曾經一度，同床共枕的兩個人，分別孤獨著自己的孤獨。
我們各自不安，我們相互虧欠。
我往他肩頭靠了靠，眼前浮起一層薄霧。
婚姻裡的兩個人，要熬過多少年，才能釋懷當初那些無法言說的心酸？

02

愛情，讓兩個人不顧一切聚合。
孩子，卻能讓兩個人輕易殊途。
我偶爾會回想，那些年，我是如何活出滿腔幽怨的：是懷胎十月未曾見他做一頓早餐的失落；是開奶時疼痛椎心他更關注孩子夠不夠吃的怨恨；是月子裡他遞上奶瓶急匆匆去看ＮＢＡ的憤懣；是孩子病時意見各異他避重就輕的苦楚；是爭吵過後他倒頭秒睡鼾聲震天的孤寒；是滿腹委屈被他輕描淡寫一帶而過的絕望。
生兒育女的困苦，嫁人不淑的悔恨，那些具象的、刻骨的怨懟，那些期望變失望的沮喪，那些自我質疑的挫敗，交纏在一起，幻化成我對婚姻的深惡痛絕——我結這個婚幹什麼？
我懷揣一腔孤勇獨闖世間，以為無所不能，卻始料未及在婚姻裡猝然黯淡。
我曾無數次午夜夢迴單身時光。
自在逍遙中坐擁天下，我呼朋喚友通宵達旦。

錦瑟流年裡目眩神迷，閨密們衣香鬢影徹夜狂歡。

我也曾那般豔若桃李，為愛情，有毫不吝惜破釜沉舟的勇氣。

而這勇氣，在我懷中嬌兒嗷嗷待哺，孩兒爹抱起籃球瀟灑而去的那一刻，隨著關門聲碎成渣渣。

情愛，不過如此。人心，不過如此。

03

每次我寫這些，總會有許多人問：後來呢？你是怎麼改變？是怎麼把婚姻經營好的？是怎麼變幸福的？

作家廖一梅有一段話，「外在的失去或獲得都不構成人最本質的懲罰或者獎賞。人面對的最大困難始終是自己，有時候是一根羽毛落下來就不行了，有時候泰山壓下來都沒問題。」

我堅信，人應該有力量，揪著自己的頭髮把自己從泥地裡拔起來。

當一段感情，沒有原則性錯誤，沒有超出底線的過失，只在雞零狗碎裡漸行漸遠，徒生疲憊和厭倦，那麼，我們需要更多地去反觀自己。

人生是一襲華美的袍，爬滿蝨子。

何止是蝨子？還有打不完的蚊子，驅不散的蒼蠅，殺不死的蟎蟲。

紅塵男女，從風花雪月，到零雜米鹽，實現生活著陸，變為三口之家，其實是個質的改變。

戀愛是九曲迴腸一詠三嘆，而結婚是過日子，坦誠相見無遮無擋，一切都暴露於光天化日之下。

如果能力不足，便只能被動接受變化的曲線，無力創造新模式的彈性。

就如當年的我，並不懂得，**親密關係裡，沒有絕對的對與錯，也沒有永遠的強和弱，我們需要給對方一個解釋的契機，一個下台的理由，一個改變的機會，那也是給這份感情，一個繼續下去的理由和動機。**

而鐵骨錚錚的我，提著一口氣，堵上滿腔怨恨，誓不低頭，誓不開口。

一個一味用凌厲去防禦，一個只能用沉默去回絕。

而各自的心酸，只能在心裡各自風化，各自皴裂，各自零落成塵。

04

這世間並無救贖，只有那些令自己覺醒反思的時刻——是我歇斯底里吼出離婚後看到兒子手腳歡騰瞳孔清澈時的痛心；是我抓狂暴怒洩憤斥責後轉身看到鏡中自己面目猙獰時的錯愕；是我攬鏡自照驚覺忽如一夜華髮生、韶華粉黛無顏色的驚懼。

人生啊，哪能就此這樣了。

慶幸我還有讀書寫字這份愛好，它們像兩隻上帝的手，將我從這愛怨交纏的生活中拉開，站在自己之外審視。

這份自持，讓我不肯自怨自艾。這份自惜，讓我不願就此折墮。**我終究要做那個，揪著頭髮把自己從泥裡拔起來的人。**

學會接納，嘗試包容。練習溝通，寬宥不同。

能解決的，交給方法。不能解決的，交給時間。

婚姻是一棵樹，也有必然要熬過的烈日酷暑，雨打清秋，大雪壓頭，才可能迎來枝繁葉茂，開一番花，結一輪果，進入下一個春華秋實的循環。

那些齒輪，那些沙子，都要磨。

孩子會長大，不會永遠夜夜哭鬧。我們會成熟，不會始終戚戚自憐。

當有一天，我們全然接納自己作為一個凡人的脆弱和無奈，便也能接納婚姻的瑕疵和庸俗。同時，我們也擁有一個凡人的皮實和強韌，擁有對眾生的憫恤和慈悲。

彼時，你再看那個豬隊友，那個枕邊伴，那個當初恨不能踹出八丈遠的人，原來也曾歷盡艱難，也有一把辛酸淚，一本難念經，無處哭泣，無處訴說。

這世間多少柴米夫妻，幾經世事輾轉，幾經動盪悲歡，終得心酸消解，枕溫衾暖。這婚姻，才能成為甘願的安心去處，踏實的煙火人間。

被男人拋棄算什麼，被時代拋棄才可怕

失婚的女人，慶幸還有工作。
失業的男人，慶幸還有老婆。

01

人到四十，最怕什麼？

想想一個中年男人，昨夜還陪上司應酬喝酒見客戶，今天一早就被叫到辦公室，迎面遞來一張辭退通知書，鐵面無情地要求他簽字，然後交接，離職。

如同一個中年婦女，日日操持家事、侍奉老人、教養孩子，某天夜裡，老公攤牌，遞來一紙離婚協議書，要和你談條件，如何分割財產以及孩子撫養權。

殘忍嗎？當然。

女人堆裡，聽說誰誰四十多了老公出軌，跟小三生了孩子要離婚，一片兔死狐悲。

男人局內，聽聞某某原本一帆風順、平步青雲，突然被辭退被解雇，頓覺哀鴻一片。

各自心有戚戚焉。

女人的情路，男人的仕途。

人到中年，怕的不是衰老，而是人生半局，一切轉眼成雲煙。

「七十後」、「八十後」這兩代人，以前總被父母教育，「你們多幸運，沒趕上三年災害挨餓，沒過過一條棉褲全家穿的窮日子，還有什麼不知足！」

如今邁過不惑年，拔劍四顧心茫然——承受著史上最高房價，背負著四個老人一個（或兩個）孩子的養家重擔，「互聯網＋」時代的潮水排山倒海而來，一不小心就被新生代拍死在沙灘上。

不敢病，不敢老，不敢死。又不敢耗，不敢賭，不敢輸。

02

二十多歲時，我們覺得壓力如山大。

找工作、找對象、找房子，每天都在奔忙，經常覺得很沮喪。

現在回頭看，年輕人的沮喪，大部分是煩惱。

而中年人的沮喪，才是真格的痛楚。

上有老，下有小，賺多少錢都不夠花。

人前風光無限，人後苦累參半。

每天一睜眼就是一堆數據一堆事，房子的貸款、孩子的補習班、老闆要的報告、下屬提的方案，白天西裝革履開會談判、晚上回家累得癱軟。

狗一般的中年？拉倒吧，狗才不忙呢，每天閒溜達晒太陽，這世上沒有任何一種生物忙得跟人似的。尤其，跟中年人似的。

即便如此勞碌，依舊危機四伏。

新技術持續更替，經驗價值降低，勤學上進腦瓜靈光的新生代人才層出不窮。

時代滾滾向前，不只是某個行業，也不只是技術人員，我們每個人，都在這洪流裡掙扎著前進，不敢乏力，不敢懈怠，一不小心，就被沖到未知的暗處，永遠游不回來。

劍橋大學有項研究數據，未來十到二十年，百分之四十七的職位會消失。

大數據時代、人工智能的到來，科技日新月異，技術加速變革，那些易被複製、重複性強的工作職位都將在不遠的未來被取代。

時間線愈來愈短，每個人都在接受新挑戰。

有數據顯示，在過去兩年新增的人工智能類型企業，比過去十年總和還要多。在未來，人工智能將取代一部分可預測的體力工作，更多工作會變為人機交互，人機共存。

莫怨公司無情，在時代變遷的大背景之下，企業壽命縮短，產品生命週期縮短，用戶成長速度快於企業。

每個企業，和我們每個人一樣，在物競天擇優勝劣汰的洪流面前，做著一個個艱難而謹慎的選擇。

03

網上曾有個熱議話題：為什麼有人開車到家後，坐在車裡發呆不願上樓？

有人說：「那是一個男人的分界線，推開車門你就是柴米油鹽，是父親，是兒子，是老公，唯獨不是你自己。在車上，一個人靜靜，抽根菸，這個軀體屬於自己。」

一個女友聽完這個言論後翻了個白眼，「你以為，只有男人如此嗎？」

她一年前創業，從此成了旋轉陀螺。

當老闆是什麼感受？就是上班下班都一樣，推開哪扇門，都是一張張等著你養活的嘴。

每晚回家，把車停進車庫，她都要獨自待上十分鐘。

對女人，推開車門那一刻，又何嘗不是轟然拉開的生活大幕——你是溫柔如水的媽媽，你是笑容可掬的女兒，你是善解人意的妻子。

還有人問她，忙成這樣，是否擔心老公會出軌？

她苦笑，我更擔心自己會過勞死。

相比失業，相比破產，相比沒錢，失婚出軌算什麼。

一舊日同窗託我給她找個兼職。她就職於三線城市事業單位，非公務員，無編制，每月到手兩千五，孩子的奶粉、父母的藥費，樁樁件件都是錢。

生活就這麼現實。你有錢，才有選擇權。

我問她有什麼技能，她想了半晌，說：「打字。能不能問問你出書的出版社，要不要兼職打字員？」

我在心裡默默嘆氣，早都是電子稿了，哪還有什麼打字員。

歲月浩浩蕩蕩，生活泥沙俱下。被男人拋棄算什麼，被時代拋棄才最可怕。

04

我每次出差回到原來的城市，都要把死黨閨密叫來酒店傾夜長談。

兩個女人放飛自我，且聊且歌，她說：「每當這時候，我就感覺你沒結婚沒成家沒生孩子，咱們還是二十多。」

呵，我也這麼覺得。什麼叫曇花一現的放縱，那一刻深深懂得。

誰不曾一人吃飽全家不餓，天大地大，了無牽掛。

如今，出差更像偷情，下班趕緊見縫插針地約老友們喝酒Ｋ歌，重溫當年逍遙快活。

兩日後，收拾行李，打道回府，按時上班，老實寫作，輔導熊孩子寫作業。

哪有那麼多歲月靜好，誰不是在苦苦前行。

去年，深圳的女友遭遇婚變，前夫與小三算計利益無所不用其極。她孤身一人舉目無親，與對方爭奪財產和孩子撫養權。

離婚官司拖拖拉拉，她遭受身心雙重創痛，患上心肌炎。

夜裡聽她訴說，心疼她舉目無親、孤軍奮戰，勸她，「抽空找朋友聊聊，別總自己憋著。」

她苦笑，「深圳這個地方，大家都忙得很，誰有閒空聽你的狗血。」

想起每天上班走在路中央的十字路口，前方人潮洶湧，每個人都被推著往前走，不能停留，也無法回頭。

怕從來沒有用，危機無解。

男人只能好好活著，女人只能像男人一樣活著。

如果一定要說建議，我只能說：「多學技能，跟上時代；強身健體，增加儲蓄。」

此刻華燈初上，窗外萬家燈火，幾家歡樂幾家愁。

失婚的女人，慶幸還有工作。

失業的男人，慶幸還有老婆。

十七歲的我，會為瓊瑤劇「你只不過失去了一條腿，而紫菱失去的是整個愛情」而動容。

三十七歲的我，只會回一句，「老子要腿，去他的愛情。」

這就是一個女人質的蛻變——我不只要你的愛，還要我的全世界。

輸了世界，光贏個你有什麼用？

願我們，不被苦難凌辱，不被生活辜負

我能想到最浪漫的事，不是和你一起變老。先變老有什麼好？我想和你一起數著錢變老。

據說，李嘉誠七十大壽的時候，有賓客問他：「你平生最大的願望是什麼？」

他說：「開一間小飯店，忙碌一整天，到晚上打烊後，與老婆躲在被窩裡數錢。」

我是在某天晚上，路過社區雜貨店，看到那對中年夫婦的時候，想起李嘉誠這句話的。

01

那家雜貨店曾經幾次易主。開過理髮店、足療店、小超市，皆以門庭寥落、生意慘澹告終。

也難怪，社區門外就是二十四小時便利店，再往主幹道上走不遠就是大型超商，一站路的距離還有早市，誰會在一個居民區的小破店買東西呢？

後來，這對夫婦盤了下來。

依舊是雜貨鋪子。屋裡賣日常百貨，門口搭起棚子，賣蔬菜水果米麵糧油。

他們幫社區的上班族免費代收快遞。在小店門口一字擺放開，齊整有序，一下就能找得到。只要來取過一次快遞的人，夫妻倆就能記下名字，下次走到門口，不用主動開口，大姊就會熱情招呼名字，自動找出快遞遞過來，「這箱子挺沉呢，拿得動不？」讓人聽了親切又暖心，像有了個貼身管家。

慢慢地，取快遞的人開始習慣順手買點東西，或者一把青菜，或者時鮮水果，或者雞蛋掛麵。大哥還主動貼出微信電話，有天冷懶得出門，或者腿腳不好的老人，直接打個電話，需要什麼就給送進家門。

小生意就這麼好起來。

那晚我去取快遞。天太冷，他們關著門在屋裡，沒有看到我。

女人正在把錢盒裡的錢全倒出來，一張張捋平，按面值整理，男人把手伸到後背上幫她撓癢癢，兩個人一邊說笑，不時拿計算機按著鍵，兩個飽經滄桑的中年人，笑得像孩子。

我在門外莫名感動。

人生去日苦多，最幸福的時刻，不就是有一個與你風餐露宿辛苦營役的人，在這天寒地凍之時，撓著癢癢數著錢嗎？

02

許多年前，我在山東威海生活。

曾聽Boss說，當地有位隱居富豪，山間建了幾棟別墅，為人卻極為低調，最大的愛好就是坐城郊公共小巴，花一塊錢買票，在車上聽人聊市井瑣事，柴米油鹽，家長里短。

那時的我，實在無法理解，那麼有錢的人，怎麼會喜歡擠在公共小巴上，聽一群凡夫俗子嬉笑怒罵？

十幾年過去，我知道自己這輩子都無法成為那麼有錢的人，卻不知從什麼時候開始，喜歡那些在世俗裡，為錢奔波勞碌，依然熱氣騰騰的人。

就像年少時讀《紅樓夢》，一心仰慕釵黛才情，恨自己不能及之一二。

行至中年，瓊瑤小說讀過，三毛散文寫過，十二釵的詩情畫意效仿過，卻更喜歡賈芸、小紅、劉姥姥這些野草一般，頑韌又強大的人，也如那對雜貨店夫妻。我每次去取快遞，都喜歡在那兒聊幾句，看他們忙進忙出，熱熱鬧鬧，心中總能生出翻湧的敬畏和感動。

那大姊曾告訴我，從盤下這間小店那天，她和丈夫就定下目標——每攢起兩千五，就去銀行存起來，只能存不能取。

「四個兩千五，就是一萬呢！」她笑，眼角滿是乾紋，卻那麼發自內心。

一塊一塊，一百一百地攢，攢夠了就去存，存好了回來繼續攢。

錢，對於為生活摸爬滾打的人，那就是他們的成就感和安全感，就是他們快樂的源泉。

賺錢，攢錢，看銀行卡上數字一點點增加，然後竊喜，像一個只能偷偷藏在心裡誰也不能說的祕密，但它，就是讓人血槽滿格鬥志昂揚的原動力。

03

不是只有才高八斗、學富五車的人才懂得生活的真諦。

賣菜的、拉車的、炸油條的、跑快遞的，大家各有各的追求，各有各的智慧。

人生而孤獨，誰不是憑一腔孤勇，存活於這滾滾紅塵。

電影《萬箭穿心》裡，中年女人李寶莉，在丈夫出軌、失業、自殺後，辭去收入微薄的工作，成為靠體力討生活的「扁擔」——挑夫。

這才是真實的人生。那個逃避、懦弱的男人死了，留下一家老弱婦孺。但女人還得活下去，還得帶著使命和責任活下去。

李寶莉對姊妹說：「那個沒有鬼用的男人，我不去想他。我現在就是要把這個家撐起來。」

賺錢、養家、供兒子上大學，這是現實社會裡，千千萬萬個像李寶莉一樣的女人們，最直接、最本能的目標。

她拒絕閨密的資助，憑藉一身力氣，成為全家的頂梁柱。

就像《紅樓夢》裡的劉姥姥，即使卑微如草芥，即使渺小如螻蟻，但她骨子裡有一種不服輸的韌勁兒，她認定的，千難萬險，赴湯蹈火，都一定可以做得到。

即使最後，李寶莉的婆婆怨她，兒子恨她，甚至在考上大學後要與她斷絕關係，她都沒有像那個窩囊丈夫一樣選擇自盡。

她在天橋上流淚，發呆，然後回家收拾行李，把房子留給兒子和婆婆，自己搬了出來。

可說的，不可說的，誰都要承受。

賺錢，活下去，除此之外，別的都不是最重要的。

04

那天在公司，與前來取件的快遞小哥聊幾句。他說，春節不回家了，快遞不停。

我感慨：「你們太辛苦。」

他不以為然：「現在幹什麼不累？我們做快遞的，不像你們有學歷，但賺得也不少，我覺得挺好。」

我頓時汗顏。三百六十五天陀螺般旋轉，為籌備年會拋夫棄子出差一個多月，高壓下焦慮失眠到深夜兩點。這樣的我，並無資格憫恤任何人。

想起前幾日與高管團隊閉關三日，核定員工年終獎金。名單核了又核，金額算了又算，生怕負了誰打拚一年的心血和期盼。

人生實苦。

日日掃樓陪盡笑臉只為遞出一張名片的銷售，起早貪黑風餐露宿的雜貨店老闆娘，騎三輪穿梭在辦公大樓取貨送貨的快遞小哥，努力謀生的人，哪一個都是勵志典範。

每當我看到這樣的人，總忍不住感慨，生活一地雞毛、泥沙俱下，卻也豐盈熱辣、生機勃勃。

我喜歡這樣的人，看到他們，總會讓我生出「活著真好」的念頭。

去年網上流行一句：每天叫醒我的不是鬧鐘，而是夢想。

其實對我來說，**每天叫醒我的不只是夢想，還有銀行卡上的餘額。**真的。

我能想到最浪漫的事，不是和你一起變老。

光變老有什麼好？我想和你一起數著錢變老。

好好努力，好好賺錢。

願我們，不被苦難凌辱，不被生活辜負。

既知此生難周全，不如放膽

女人有什麼天生勵志，自己選的路，不是跪著走完，是憑一口仙氣兒吊著走完。

昨晚，有個女孩發微信給我：「愛玲姊，我好想哭，覺得婚姻好累，生活好難，為什麼我不能像你們那麼強大？」

我回她：「想哭就先去哭，哭夠了再來找我。」

回完後，我踢掉高跟鞋，陷進沙發裡。這女孩大概不會想到，我，她眼裡的勵志姊姊，她心中的「雞血女王」，在收到她微信的那一刻——夜裡十點半，剛剛拖著浮腫的雙腿和黑眼圈回到家。

她更不會想到，就在上週，我，這個三十好幾的女人，還因為積壓已久的情緒而在深夜痛哭了一場。

生活很累，婚姻很難，這是所有人都要面對的人生真相，不只你我。

01

我經常連續幾天不能陪孩子。

週末要做兩場活動。原定的航班因颱風取消，只好改到週一清早。中午到達，回家放下行李就直接到公司上班。

工作已經進入年底最緊張而忙碌的階段，下午開團隊會議，手頭的一份活動企劃方案，始終想不出滿意的創意，腦力激盪無果，徒有壓力山大。

課程平台負責人委婉地問：「什麼時候有時間我們討論一下新的大綱？」

編輯給我下最後通牒：「新書加印需要的三千份扉頁簽名，本週印刷廠必須收到。」

於是，我下班後不吃不喝在公司簽到十點。同時打開手機裡的訂閱，順便聽完六節音頻課。

抬頭伸個懶腰的工夫，大廈保全像鬼一樣探進半個身子，伸出一根手指，「就剩你一個人了啊。」

你問我累嗎？說不累騙鬼啊！

02

偏偏家中瑣事特別多，我覺得很有必要跟老公溝通一下。

我叮囑他，「孩子睡後，我們聊聊。」

十一點，不見人影。看到他在客廳鼾聲四起。你能衝過去把他拎起來，質問他「為什麼把我的話當耳邊風」嗎？直接晚安吧，自己去做個面膜，坐擁這無邊夜色。

張小嫻曾說：「愛情，若非讓對方看到你最美的一面，便是最醜陋的一面。而婚姻，卻是讓對方看到你最真實的一面。」

愛無法解決所有問題，有些孤獨，你要變為享受；有些黑暗，只能獨自穿越。

婚姻裡，我們終究學會帶著問題一起生活。

03

十八歲我異地求學，給自己定下鐵律：每天要塗睫毛膏，冬天不許穿棉衣。

倔強女子的凌厲，化為一腔孤勇。睫毛膏逼你不許哭，只要一哭就花妝，只要一花就死醜。穿單衣逼你去獨立，時刻提醒你沒有任何可以依靠的東西。

人愈是脆弱的時候，愈能對自己下狠手。

但愈往後走我愈懂得，人生許多時候，是需要哭出來的。

二十四歲異地戀，中秋夜獨自在醫院吊點滴，空曠的點滴室裡，被實習護理師連續兩針扎穿血管之後，眼淚洶湧而出。

婚後調至青島，週末與老公吵架，開車出來停在路邊，翻遍手機找不到一個可以打的電話時，瞬間淚如雨下。

你要嚥下那些無助的苦，熬過那些慘澹的夜，只能流淚，無須解釋。

04

所以現在，我特別能理解，很多女人有時需要「哭一哭」的念頭。

也許是身體疲憊，也許是靈魂寂寞，也許因某些沮喪、懊惱、失落。

那就哭一場啊，那種失落和無力，總要有一個出口釋放。

那晚我心情鬱結，在書桌上俯身飲泣。我知道這些時刻，必須容許自己脆弱。

半小時後我爬起來，洗淨臉，在二十三點零八分萬籟俱靜的深夜廚房，拿個海參給自己做碗湯。身心損耗，元氣大傷，我總得補回來二兩。

這便是熟女的好處。

哭腫了眼，就拿冰袋敷一刻鐘；黯淡了臉，就化個更精緻的妝。

總得伺候好這副皮囊，才有底氣應對風雪嚴霜。

紅塵顛簸人心浩蕩，這是成人世界的專屬寂寞。他人眼裡的春風撲面，是你自己的冰冷入骨。誰不是一邊燃燒，一邊沮喪，誰不是一邊拚命努力，一邊又不想活了。

女人總覺男人薄情。男人總說女人寡義。這塵世間，不過各有各的艱難，各有各的嗟嘆。

選擇什麼樣的生活，其實都是選擇了一組問題。像蚌裡進入的那粒沙子，日夜打磨。

選擇什麼樣的婚姻，其實都是擁有了一頭猛獸。你要學著將它收服，馴養，直至相安無事，出入成雙。

作家黃佟佟曾說：「每個成年人，都是劫後餘生。」

撐不下去的時候，痛快哭一場，喝點雞湯暖身，打點雞血續命。

征服欲望的方法，是滿足它。搞定焦慮的方法，是忘記它。Hold住痛苦的方法，是接受它。

歲月長，衣衫涼。你只有走過之後才有資格回頭看，當初痛哭過的深夜，原來恰好有月光。

所以，女孩——女人有什麼天生勵志，自己選的路，不是跪著走完，是憑一口仙氣兒吊著走完。

睡一覺，明天又是一條好漢。

既知此生難周全，不如放膽。

不經歷點雞毛和狗血，你哪懂少女和熟女真正的區別

二十歲，你的夢想是轟轟烈烈愛一場；
三十歲，你明白沒什麼比好好睡一覺更重要。

01

與老閨密憶當年，她問我，「還記得大學畢業窮得吃土時，你的夢想是什麼嗎？」

我記不得了。

她替我答，「去超市購物不看價格，直接往筐裡扔。」

想起來了。

對一個除了青春一無所有的女孩來說，什麼時候能讓自己縱情買買買，就是所有能想到

的、愛自己這件事的最高級。

十年之後，兩個「35+」的女人相約去ＳＰＡ。

閨密感慨，「你能想到嗎？當初是相約一起去泡吧，現在改一起去泡澡了。」

是啊，我們重新定義「愛自己」的方式了。

有人曾問我：女人成熟後最大的變化是什麼？

我想應該是：對自己更真實，看世界更客觀。

我曾經一度打雞血打得鬥志昂揚，人生字典裡充斥著努力奮鬥、劍拔弩張。

只怪這個時代的女人太強了啊，從起初的「殺得了木馬，翻得了圍牆」，到後來的「開得起好車，買得起新房」。

每天打開手機，你會發現朋友圈裡又多了幾個勵志榜樣——

身為外企高管的女友，一天飛三個城市，還堅持在健身房揮汗如雨練就馬甲線。

生了兩個娃的閨密，最近猛啃教材備戰註冊會計師考試。

早已平步青雲的同窗，週末雷打不動就讀商學院ＭＢＡ班。

從小認識的學霸好友，辭職創業，公司已完成Ａ輪融資。

而她們，還偏偏自己膚白貌美，夫妻甜蜜恩愛，娃娃乖巧聰明。

我無法不暗自沮喪，人家怎麼有那麼強的體力精力能力，我怎麼帶一個熊孩子就累到半死？

02

不想幾年後，我意外地也成了別人眼裡的女超人。情感作家、職場媽媽、微信公眾號主理人，還要出書、做課程、各地簽售，成為數十萬讀者心中的雞血女王。

直到我被多次問道：「你是怎麼做到多個角色轉換的？你是如何平衡家庭與事業的？」我突然想到，我曾經那些同樣的疑問，現在已能自己給出答案。

・平衡其實是個偽命題

同樣的一天，你選擇加班，就無法陪孩子逛公園。你選擇旅行，就不能到學校繼續充電。這世上哪有什麼真正的平衡，說到底不過是選擇。你希望得到什麼，而願意捨棄什麼，從來就沒有完美人生的標準選擇。

那些看上去完美又超能的人，時間並未給予她們特殊垂憐，她們只是清楚自己要什麼，然後割捨了另一些人生體驗。**她們只是比別人更知道，人生的每一個階段，應該有不同的側重點。**

・一個人的強大、多面，必有另一個人的默默承擔

我有精力、有時間，在工作之外，長年如一日地去堅持一項愛好，去運營一個自媒體平台，是因為有人替我承擔了相當一部分職責。

我從來不做家務，不洗衣服不做飯。白天在公司忙一天，回到家就是陪孩子、寫稿子。如果沒有家人替我承擔這一切，如果要我在下班後匆匆忙忙接孩子，買菜熬粥包餃子，吃完再收拾杯盤，洗一盆髒衣服臭襪子，三天兩頭應酬七姑八姨小舅子，我想我只會累得倒頭睡去。

很現實，有人替你擔起了柴米油鹽的瑣事，你才有機會去做自己喜歡的事。

・所有時間管理都有先決條件

關於時間管理的話題我分享過很多次，但必須清楚的是，我們對人生的管理是座金字塔，時間管理只是其中一個層面。

時間管理的基礎，是精力管理。而精力管理的基礎，是健康管理。

沒有健康做基石，沒有精力做保障，時間管理做得再合理，也照樣無法落地執行。

這就是為什麼，我不再用無節制地買買買來愛自己了，我不再用熬夜喝酒通宵K歌來愛自己了。

所有一晌貪歡的方式，留給了昨日夢裡不知身是客的少女。

03

如今我們面對的，是撲面而來的中年危機，是上有老下有小的負擔和重任，是懷揣保溫杯喝什麼都想扔幾粒枸杞的自嘲。

生活、婚姻、事業，都是一場長跑。曾經我們比速度，現在我們拚耐力。

暴飲暴食，醉酒淋雨，早都不適合現在的我了。

因為我知道，吃下去的垃圾食品卡路里，跑步機上都得還。

因為我知道，買醉次日的翻江倒海頭暈目眩，一個週都代謝不完。

這便是熟女與少女的區別。

二十歲，你的夢想是轟轟烈烈愛一場；三十歲，你明白沒什麼比好好睡一覺更重要。

我們發自內心地，願意去規劃生活、培養習慣、管理健康了。

比如：少吃油炸食品，拒絕垃圾快餐；堅持運動，定期體檢；杜絕熬夜，保證充足睡眠。

漸漸地我看到，所有高效能人士，背後都是日復一日的堅持和自律。

當一個女人，走出少女的幻想虛妄，成為一個成熟的女性之後，就會清楚，生活不是一味打滿雞血往前衝。碧鬟紅袖柳顰花嬌，皆比不過豐沛的精力和健康的體格。

誰不是一邊想衝動辭職，一邊又拚命工作

人生沒有平衡，只有選擇。無論哪種選擇，都值得被祝福。
只願我們在自己的選擇裡，活出最好的自我。

01

某次兒子高燒不退，一度飆到四十一度。我無法上班，時間全都耗在醫院裡。而那個時間段，又是公司測算考核數據、評定績效獎金最集中最關鍵的幾天。我只好將我的本職工作委託給同事代勞，他幫我基本完成之後，我再在家中上網接收，做最後的審核確認。

小寶打完針後半靠在床頭，弱弱地問我，「媽媽，你還要去公司嗎？」

我親親他的額頭，「不去了，媽媽爭取在家完成工作，然後陪著你。」

他燒得蠟黃的小臉馬上露出笑容。

次日上午陪他在醫院吊點滴，老公負責陪他聊天、安撫情緒，我不停地出去接打電話，因為有個業務客戶要方案，今天必須確認報價。

打完後，我走回點滴大廳，兒童醫院人滿為患，吊點滴連座位都找不到，很多人乾脆在走廊鋪張報紙，帶著孩子席地而坐。門口有個年輕媽媽，一手給孩子舉著點滴架，一手握著電話，幾乎帶著哭腔說：「我實在回不去，孩子腸炎拉得脫水了，他爸又出差不在家，我自己帶著他在醫院吊點滴，麻煩你跟主管解釋一下……」

她抬頭的時候，我們四目相對，我朝她揚了揚嘴角，她向我微微點頭。

那一刻，職場媽媽的痛，我們最懂。

02

我珍惜我的工作。

有人問過我，十五年就職於同一家公司，你就從未有過跳槽或辭職的念頭嗎？

平心而論，有過。但是，不是有獵頭挖我的時候，不是我成為別人眼裡的「暢銷書作家」的時候，不是在有人建議我放棄工作全職寫作的時候。

我唯一有過衝動辭職的念頭，就是在孩子生病需要我，我卻不能在他身邊的時候。

在出差特別多的前幾年，我虧欠孩子很多。

我曾在他撕心裂肺的哭聲裡拉著行李箱奪門而去，我曾在趁他吃了退燒藥睡得迷迷糊糊時悄悄溜走，我曾在他做完手術第二天就奔赴另一座城市重返工作崗位。

人生可以自主選擇的時候，並不多。更多的時候，只能取捨。

我有一個同事，孩子從小體弱，特別容易高燒痙攣。我經常會在早上收到她的請假簡訊：「不好意思，孩子昨晚又發燒抽搐了，半夜進了醫院，又得請個假。」有時跟她聊天，會聽她說，孩子在抽搐了幾次之後，高燒痙攣變成了熱痙攣，而孩子發燒有時又沒有徵兆，經常半夜突然燒起來，他們夫妻不知多少次在寒冬臘月裡穿著薄睡衣光著腳，抱著孩子衝進急診室搶救。

所以後來，孩子每次稍一發燒，她都不敢上班，不敢睡覺，眼都不眨地守著。

在我很多年的管理工作中，對孩子生病需要請假的女員工，我的原則一直都是，給予最大限度的包容和關照。因為我太懂得那種心急如焚、心如刀割的痛苦。因為我太瞭解那種如坐針氈、度秒如年的煎熬。

那一刻，我們都曾在腦中有過一個念頭：「算了，辭職吧，孩子需要我。」

03

曾經好幾次，有主辦方邀請我在工作日參加活動，我都謝絕，「不了，我還得上班。」有人不解，「你現在完全可以辭職啊。」

我只有在心裡說：「最艱難的那幾年都沒辭，現在更不必了。」

儘管，曾經在孩子最常生病的那幾年，在那麼多身不由己的時刻，我動搖過，掙扎過，但從時間長軸來看，畢竟這不是常態化，只是小機率事件。

我很清楚，我需要工作。工作對我更大的意義在於，它曾救我於水火。在產後憂鬱的階段，是工作，讓我對自己重拾信心、尋回勇氣。在自我質疑的低谷，是工作，讓我重新與自己相愛，與世界找回連結。

工作於我，是一場救贖。

我愛那個全情投入、拚盡全力、殺伐決斷的自己；也愛那個精誠合作、運籌帷幄、勇往直前的自己。

工作於我，更是一場修行。它讓我見自己，見天地，見眾生。

被主管批過，被客戶罵過，被同事誤解過，被合作方坑騙過。酒局上逢迎過，談判桌上凌厲過，離職面談時絕情過。

它讓我看清，職場、人生、愛情，本質都是如此相同——有那麼多不得已，有那麼多求不得。但它更讓我懂得，職場、人生、愛情，因果亦如此相同——去學習去磨練、去成長去付出，你的收穫遠遠大於失去。

認識一位四十五歲的姊姊，外企高管，今年夏天，她將女兒送去美國留學。女兒走後，她跳槽到另一家外企，工作更忙，壓力更大。她對我說：「到了我這個年齡，孩子遠走高飛，夫妻左手握右手，你會愈發覺得，能全情工作是一種多大的福分。」

04

我身邊所有優秀的女性，在生活中是妻子，是母親，但工作起來，是男人。

確切地說，**我們在工作中學會了男性思維，擁有了理智冷靜的品質，而這些，又反過來影響了我們，如何處理對女人來說最重要的情感與愛。**

我很慶幸，我的孩子並沒有給我太多負累，讓我依然可能堅持工作。

我很感激，我的工作給予我無數次挑戰自我、超越自我的機會。上司令我懂得敬畏，下屬令我懂得寬容；客戶讓我學會妥協，同事讓我學會合作；孩子讓我溫柔，工作令我堅韌。這一切，都如此值得感恩。

有人說，誰不是一邊熱愛生活，一邊又不想活了呢。

媽媽們，誰不曾一邊想衝動辭職，一邊又無比珍惜工作呢。

人生沒有平衡，只有選擇。無論哪種選擇，都值得被祝福。

只願我們在自己的選擇裡，活出最好的自我。

放棄成長，只談風月，才是對自己最大的辜負

當你對愛情不再有執念，對男人不再有貪欲，
當你不再把結婚當救贖，而是讓它們成為你這奮鬥路上、
成長路上的一件捎帶著完成的事兒，驚喜和收穫往往就不期而至了。

01

妹子南南因為感情問題失落低迷，對我發牢騷，「你這種老公孩子熱炕頭的中年婦女，能明白宿舍沒暖氣，室溫比外面還低的時候，有個活物能當抱枕的感覺嗎？能不能有點人間大愛啊！」

「你以為你頂個雞窩頭宅在家，就能等到型男熱乎地送上門來嗎？趕緊給我滾出來！」

我十分不厚道地把她逼出來，讓她陪我去看房子。

「這戶型挺好的，但裝修太老了，你不是說孩子小不能重裝嗎？這種十年前的風格你怎麼看得上？」南南問。

從社區走出來，我倆在鄰街咖啡館坐下。

她捧著一杯熱可可懶洋洋，「反正我連首付也付不起，還是找個對象更實際。」

「我叫你出來，不是讓你幫我參謀房子的。是想讓你看看，買房子和找對象之間，其實有相似的道理。」

02

房子、愛情，哪一個是女人最必要的？**沒有標準答案，只是各取所需。**

一個月前，我看中了一個高級社區，戶型好，裝修新，但總價比我的預算高出一倍多。我和老公商量了一晚，決定放棄。

買房子考慮的關鍵因素是什麼？是個人和家庭的首要需求。

如果是為孩子上學，那就重點考慮學區和落戶。其他因素，不起決定性作用。

如果是為投資升值，那要首先考察市政規劃、周邊配套、增值潛力。別的都是次要。

如果是為改善居住，那要重點看面積戶型、生活起居、交通出行是否便利。

如果只是圖便宜，那只要沒有產權糾紛，能住人就行。

如果你既要住得寬敞舒服，還要房子新、戶型佳、樓層好、採光棒、裝修高檔交通方便，升值無限還得價格便宜，那只能注定是黃粱一夢了。

我放棄之前的高級社區，選擇這一套普通住宅，是綜合了孩子上學、居家度日、老人照顧、上班距離等各種因素，在心裡打過綜合分的。

南南白我一眼，「我聽懂了，你的意思就說我要求高，太挑剔，湊合湊合差不多就得了唄！」

不全是。完美的情人不存在，就像完美的房子一樣。

但如果你把短板理論套進去看看，思考自己是哪一環最弱呢？如果買房是我最必要的，最終起決定性作用的，是錢。如果愛情是你最必要的，最終起決定性作用的，是你的資本。

多少女人被「不將就、不湊合」洗了腦，其實這種原則，是有前提的。

你當然可以活得內心強大，像女星寧靜一樣不屑，「結婚幹什麼玩意兒？」

也可以像女演員俞飛鴻一樣淡然，「我不結婚，但不代表我不幸福。」

但倘若你要啥沒啥，只會想著早日能嫁掉，天天質問：為什麼你心中的男神還沒駕著七彩祥雲來迎娶你？很簡單，因為你不是他的女神啊。

你問：怎麼辦呢？

我告訴你，先做自己的王，再考慮那些成神成仙兒的事。

並不是說有房子才配有愛情，更不是逼你在這高房價之下，打腫臉充胖子逼自己買房子。

而是，**你要經營好自己，你自己的生活，就是你的王國。**

你要開疆拓土，而不是讓自己像失去土地的流民，等待另一個王來將你收容、將你救贖。

03

網上有人說：解憂是杜康，解惑是看房。真的，當你去仲介看看房價，就覺得沒時間沮喪。不只是房價等不起，比房價更等不起的，是你的勇氣。

多少女孩和南南一樣，覺得人生不過就是這樣了。無論怎麼尋找，也遇不到想愛的人，也過不上想要的生活。

不是的。

我們都曾什麼都想要，既要愛情又要麵包，東奔西突，四下尋找，頭破血流，一無所獲。

到底什麼時候能遇上真愛？也許就像買房子一樣，當你主動規劃藍圖，當你願意為之奮鬥，而不是指望傍上哪個男人直接拎包入住的時候。

買房是會呼吸的痛，光想著嫁人是最矯情的病。

當你對愛情不再有執念，對男人不再有貪欲，當你不再把結婚當救贖，而是讓它們成為你這奮鬥路上、成長路上的一件捎帶著完成的事兒，驚喜和收穫往往就不期而至了。

我們每個人，終究要走完必須走的路，吃過應該吃的苦，才能過上想要的生活。

你的無畏前行，你的野蠻生長，本身就有一種富有生命力的性感，充滿生機勃勃的魅力，只有這種磁場，才能將那個更好的人帶到你身旁，陪你喝深夜的酒，也為你盛清晨的粥。

那些放棄努力和自我的女孩，只談風月不談成長，才是對自己最大的辜負啊。

桃心話

01

來信：

桃姊，我今年二十五歲，單身，我有一個很大的缺點，就是很在乎別人的評價。我現在工作的公司女同事很多，她們專愛拉幫結派對別人評頭論足。我表面上裝作不在乎，對這種言論很寬容，但其實心裡很難受。比如我穿了一條新裙子，她們說不好看，其他人就都跟著說不好看，我第二天就沒勇氣穿了。我好恨自己這麼懦弱。

看你的文章半年了，每次看到你那麼通透強大，還有留言裡的很多姊姊都那麼強大，我好羨慕，真盼望快點到你們那麼成熟的年紀，可以少在乎一些人和事。桃姊，我怎麼做才能讓自己強大起來呢？

回覆：

我不會當一個所謂的人生導師去教你學會寬容大度，也不會隔靴搔癢地對你說走自己的路讓別人說去吧。但我能給你一份深深的理解和同理。

我們都是普通人，都有各自的脆弱和無奈。生存於這世間，並無一處棲息地，可以讓我們免遭非議與傷害。

可能在你眼裡，我，以及許多桃蜜姊姊，看上去都特別強大，能把所有評判和眼光當個屁一樣放掉，自己始終瀟灑遊走於紅塵之上。其實不是的。

我們都是在受傷中不斷舔舐傷口，流血癒合，然後學著一點點變得堅強。

就拿我自己來說，寫作看上去是一件特別文雅體面的工作吧，可實際上我不知道遭受過多少攻擊。很多事，你怎麼做都不對。你回擊，別人會說你沒氣度，斤斤計較。你解釋，別人會說你心虛，愈描愈黑。你不理，有人說你默認被說中，無言以對。

我也曾為這些壓力徹夜輾轉不能眠，也曾萬般委屈只能將眼淚往肚子裡嚥。

後來我反思自己，我沒什麼人設，更不需要什麼偶像女神的光環，我只是一個肉眼凡胎七情六欲的普通人，用不著為了這份所謂的強大，硬充雲淡風輕。

看了鬧心的，那就不看。聽了煩惱的，那就不聽。說這是逃避也好，是怯弱也罷，我都必須先照顧好自己的情緒。我們都不願輕易傷人，但更不願隨意被別人所傷。所以不必端，不必裝，不必硬撐，該吐槽就吐槽，該洩壓就洩壓，用不著別人高屋建瓴地指導我們該如何以德報怨當聖賢。

親愛的，真正的強大，不是真的無堅不摧百毒不侵，我們不是佛也不是神，得允許自己不強大，允許自己受傷、生氣和難過。因為我們是一個真實的人，一個有缺點、不完美，但有血有肉有感情的人。

所以，強大的第一步，是接納那些負面情緒，放下自我攻擊，而不是逼迫自己，憎恨自己。你心裡住著另一個自己，那是你內在的小孩，你嘗試著跟她對話。別人說你的裙子不好看，你可以問問她，她覺得好不好看，喜不喜歡。如果她喜歡，你就繼續穿。你始終和內心的自己在一起，讓她歡喜。

如果同事有更過分的言詞，也可以直接頂回去，不去為難自己，不必硬撐大度。

要記得，**你又不是鈔票，沒法讓所有人都喜歡你。**

我們都是在受傷中學會長大，無懼他人的前提，是放過自己。

有邊界，也有韌性，有善良，也有鋒芒。

02

來信：

桃姊，您好！關注您的公眾號有一年多了，也買了兩本書。您的文章我非常喜歡，常常能引起共鳴。最近我有些事感到非常困惑，想請教您，不知您是否會回覆？

我有兩個小孩，一個四週歲三個月，另一個九個月。之前有份輕鬆的工作，時間相對自由，年底的時候我找了份要固定時間上班的工作，壓力肯定比之前大，薪資也比之前好。可是這遭到全家人的反對，說小孩還小，會依賴媽媽，叫我在原先的地方再待一年。但是我真的不想再待，家裡開支也大。我是覺得入不敷出了，所以才去找工作，本身就沒多少存款。我老公前幾年都在還帳，去年剛還完。而且他近幾年薪資是不會漲了。我現在比較糾結，一方面想照顧好小孩，一方面又想把工作做好。不知道愛玲姊能否給個建議，謝謝您！

回覆：

我一直是主張活在當下的。人應該現實一點。

正常來說，孩子九個月，的確是需要媽媽的階段。如果媽媽能身心愉悅地陪伴，當然更好。但現在全家四張嘴，吃喝拉撒都得用錢，倘若經濟都入不敷出了，那首要任務當然是先賺錢。孩子都養不起的話，還談什麼陪伴。

我不知道你說的「全家人反對」，都包括哪些全家人。

最重要的，始終是你自己。

如果換工作，是否做好了承擔雙重壓力和家人不理解的準備？不換工作，是否能接受拮据的生活做一個悅納的母親？

人的本能都是趨利避害。對當下最有利的選擇，就是正確的選擇。

03

來信：

桃姊，我原來是上海外企白領，年薪不錯，後來和在北京工作的老公結婚，辭職懷孕生娃。我性格比較強勢，但是老公很包容。後來懷孕生孩子在老家帶孩子，一直到孩子三歲，準備回上海和老公一起奮鬥……然後我被離婚了。我甚至不知道是否有小三，總之期間被冷暴力，沒有電話、視頻，總是吵架。我精神抑鬱很久，前後看了很久心理醫師。現在想回到上海工作，從頭開始，但是孩子目前沒辦法帶在身邊，經濟壓力大。如果在老家，工作沒什麼錢，壓力也比較大，但是可以陪在女兒身邊。我其實很想和老公復婚，所以選擇就業很糾結。

回覆：

只能先幫你理理思路：

原本優渥光鮮的外企白領，因為結婚生子成為全職主婦，然後被離婚，歷經人生低谷，現在面臨工作地域與孩子陪伴之間的矛盾，生活艱難，未來茫然，又想復婚了……

這世上，有人稀裡糊塗結婚，又稀裡糊塗離婚。

而你稀裡糊塗離婚，不能再稀裡糊塗復婚啊！

離婚對一個人最大的傷害是什麼？

其實對現實生活，不外乎是財產和孩子。更大的創痛往往在於內心。

被動離婚，讓人產生挫敗感，進而導致價值觀的改變和自信心的坍塌。

你現在最需要做的，是在離婚的廢墟上站起來。

在上海，能進入外企並取得不錯的年薪，已經證明你的基礎和實力。後來做全職媽媽的三年，割斷了你與職場的連結，而後婚姻的變故，將你的自信消耗殆盡。你拖著孩子，經濟拮据，身心俱疲。

人在這個時候，總想抓住點什麼，所以你才會想復婚。

我理解你。像一個人獨自穿越山洞，即使她知道走過去就亮了，但仍不知道要在這黑暗裡走多久，仍會恐慌。

我不建議你在這種狀態下復婚，也不建議你在這種狀態下開始一段新的婚姻。

至於去上海還是在老家工作，我的觀點是：**哪個選擇更有助於幫你擺脫陰鬱狀態，重回積極上進，就選哪個。**

困難是暫時的，和孩子分離也是暫時的。

就像離婚一樣，它不是悲劇，它只是在結束一場悲劇。

要想清楚，自己想要什麼，想過什麼樣的生活，然後堅定無畏地去努力，去賺錢，給自己和孩子更好的生活。

你終將要一個人穿越黑暗，走向成長和蛻變。

04

來信：

桃花姊你好！我最近遇到了很煩心的事情。別人評價我都是人品不錯，為人不錯，處事不錯，直來直去的性格，不藏著掖著，就屬於粗心大意的那個類型。但我很不明白，我為什麼交不到很好的朋友，不管男生女生，在相處一段時間後，別人都成了好朋友，唯獨把我排除在外。我很奇怪，要說惹人了吧，我反覆思量，也沒有，可事情就是這樣，我也不知道該怎麼處理了！請您在百忙之中抽時間幫幫我。

回覆：

性子直，粗心大意，說話有口無心。你覺得這是自己的個性，其實恰是人際交往中的雷區。真性情沒問題，但毫不顧及他人感受，完全不把握關係中的分寸，這種真性情是真不討喜。上點情商課，先學會如何說話，這是技術也是修養。

對你只能說：「沒有王菲的實力，就別學人家的性情。」

05

來信：

我在準備考研究所，但男友提出分手，讓我情緒很崩潰。他的理由是我不是他喜歡的類型，他需要找個持家的，因為他和他爸爸都需要人照顧，而我不擅長做家務。難道現在男人娶老婆都是為了賢慧做家務嗎？

回覆：

你考你的研究生，他回他的大清，沒毛病。

PART 2

熬過虛無與暗夜，終有愛與恩慈

正是因為經受磨難和歷練，
我們才更有勇氣，站在自我獨立的選擇裡，
讓荊棘開出花。

愛是信仰，婚姻是容器

只有擁有了靈魂上的相互滋養和彼此扶持，
我們才願意忽略那些無法言說的辛酸齟齬，
才願意忍耐那些永遠洗不完的碗碟和臭襪子。

01

一日早飯時老公突然問：「你最近怎麼不用我送你上班了？」

我直言不諱，「因為你不如專車好使。說不得罵不得，催你快點你嫌煩，讓你等會兒你又不耐煩。跟專車司機比，你成功被ＫＯ。」

他白了我一眼，撇著嘴走開。

願不願意聽，事實都是這麼回事啊！

我打個專車，乾淨體面的師傅會早早等在指定地點，遲到半秒都道歉，多等十分鐘也不嫌煩，永遠溫度適宜，永遠微笑服務，遇堵車就繞行，趕時間就加速，幫開車門，幫提行李，單就這幾點，完勝自家老司機。

我們生活在一個前所未有的便捷又舒適的時代。只要手機有電，只要錢包有錢，幾乎就能解決所有生活問題。

我愈來愈理解，為什麼如此多的女性不願意結婚。

我愈來愈明白，為什麼愈是「三高」（高學歷、高收入、高職位）女性愈對婚姻挑剔。

每個人，都可以憑藉努力過上自己想要的、更好的生活——旅行有訂製，出門有專車；做家務有保潔，修馬桶有物業；飯店滿足口味，酒店賓至如歸；一張機票，讓你天南海北看世界；一部電話，任你三百六十五天宅在家。

這種日子實在太爽。

02

而婚姻能給我們什麼？生活的穩定？一紙婚書，說作廢就作廢。內心的安全？人心涼薄，說情變就情變。論收入，誰比誰少掙錢？說分擔，誰比誰更清閒？

傳統婚姻帶來的實惠，在這個時代，大多都可以透過購買服務來實現。所以，當網上「老公月交十一萬不回家」的帖子一出，女人們都羨慕炸了。

這個社會，太多人已經具備了自我意識和獨立精神，卻仍陷在舊式婚姻的模式裡。

而現代婚姻應有的尊重包容與分工合作，真正在現實中又太少。

作家錢鍾書先生曾說：「婚姻是一座圍城，城外的人想進去，城裡的人想出來。」

可現在我們看到更多的是，有人在外面打死不想進去，有人在裡面拚命也要出來。

我們不再渴望婚姻了。我們不再珍視婚姻了。因為這個時代帶來的便利，足以滿足我們的全方位需求，而我們最想要的精神需求和靈魂滋養，婚姻給的遠遠不夠。

不光是女人，男人也不願意結婚了。從他們的角度看，女人太麻煩：要哄，要寵，要陪逛街，要送禮物，費了半天勁還未必能哄好。

那婚姻的意義到底是什麼呢？

如果，在一段婚姻裡，只想滿足自己的需求，讓對方為自己服務，那我們就都背負上了一宗罪——婚內不作為。

網上有個段子——一男人得意揚揚發帖炫耀：我老婆，能自己在家睡，自己去逛街，自己去旅遊，自己做飯，自己產檢，自己帶小孩，你們敢在她面前自稱女漢子？

有人回覆：**在我們村，一般管這叫寡婦**。

不分擔、不作為，從來都不值得炫耀，而是婚姻最大的悲哀。

每一段感情的維繫，都不是靠單方面的付出。

每一場婚姻的經營，絕不是靠一個人的努力。

03

去年夏天，全家去內蒙旅行探親。

回老公的出生地，那個他生活到十四歲才離開的邊陲小鎮。

到達之後，就是一路開吃。三姑四嬸七叔八姨排得滿滿當當，中午去這家吃牛排火鍋，晚上去另一家安排的奶茶蒙餐，今天舅媽包了酸菜餃子，明天二姊又訂了烤全羊。奶茶熱氣騰騰，高度白酒一瓶又一瓶。

聽他們聊起陳年往事，說起親戚家的親戚，一長串我從未聽過的名字。

我們牽著兒子的手，一起走在家鄉小路上，給他指看爸爸上過的小學，奶奶工作過的醫院。路過舊車站，聽他講當年，為了讓他接受更好的教育，婆婆是如何忍著不捨流著淚，將十四歲的他，送上了離鄉的綠皮火車。

我們一起去爬山，爬上老公小時候春遊的山頭，聽他講他從小一起長大的朋友和玩伴。

在山頂，我俯瞰這座風景秀麗人情淳樸的小鎮，十幾年前，它與我毫無關係。

我突然明白了婚姻更深層次的意義。它讓我們，願意與另一個人，發生影響生命的深度連結。它讓我們，願意去瞭解各自的過去，珍視彼此的現在。

它給我們真正的意義，是互相需要，是彼此依賴，是渴望共同的、更好的未來。

這份深刻的連結，無論再細緻的保母、再專業的司機、再出色的廚師，都無法給予。

此生聚散，
你要敢愛敢當

婚姻，從舊時的「一拜天地，二拜高堂」，到現在的快餐時代，只有擁有了靈魂上的相互滋養和彼此扶持，我們才願意忽略那些無法言說的辛酸齟齬，才願意忍耐那些永遠洗不完的碗碟和臭襪子。

而所有走不下去的婚姻，都不外乎是因為「我只有委屈，沒有快樂，我不再需要你」。

終其一生，我們都在紅塵中踽踽獨行。愛是信仰，婚姻是容器。願婚姻裡的人，多一分虔誠與敬重，珍惜那些懂得與慈悲。願被傷害過的人，熬過虛無與暗夜，終有愛、光與恩慈。

那日讀到一首不知名的詩，分享給在尋愛的、被傷過的，或正在愛裡的你們：

這世間一切糾纏
使我光潤如蛇
增長了我盤桓於荊棘而不傷的能耐
它使我冰冷如石
縱有海嘯亦不能粉身碎骨
世事的荒謬導致我千年不壞的靈魂
為它寫下情書
不是虛表假意的表白
是刀鑽斧砍的教誨

好的婚姻，靠的不只是「賢慧」

那些有愛、有自我、有人格魅力的女人，
不是靠隱忍去維繫婚姻，不是用犧牲去留住男人，
她們本身就鮮活迷人。

01

聽了兩個故事。

A太太十二年前隨丈夫從農村到城市打拚，十幾年裡吃過苦受過罪，好不容易拚到他們的小廠子有了突飛猛進的發展，產值連年翻番。一夜暴富的丈夫開始不務正業日夜嗜賭，眼看苦心經營步入正軌的一切又將被男人賠進賭場，她依然篤信「男人是天」，每月專門留出款項供其揮霍，只為丈夫豪賭歸來讚她一句「賢慧」。

另一位朋友是婦科醫師，曾接診過一個女患者，長年患婦科炎症，反覆感染無法根除。醫師明確告知患者，這種情況一定要注意衛生。

女患者終於吞吞吐吐解釋，丈夫長年外遇，對象不只一人，導致她被交叉感染。

她曾懇求丈夫潔身自好，男人卻斥責她不夠「賢慧」，「怎麼就你有問題，別人怎麼就沒事呢？」

不得不說，我第一次聽到「賢慧」這個詞被黑得這麼慘。

02

什麼是賢慧？

百度解釋為：指婦女有德行，態度和氣，善良溫柔而通情達理。

而到了現實裡，不同的人有了不同的解讀。

傳統觀念認同的賢慧是勤儉持家，恪守婦道，洗衣做飯樣樣都會。

舊式婆婆眼中的賢慧是聽話，懂事，生兒子；吃苦，耐勞，毛病少。

直男癌理解的賢慧是不吵不鬧，家務全包，你在家中紅旗不倒，我在外面彩旗飄飄。

《魔鬼辭典》的解釋是閒在家裡，什麼都不會。

如果非要選擇，我寧可接受最後一條的諷刺，也不接受前三條的讚美。

曾經，舊式女子的賢慧，是侍奉公婆的克己守禮，是日夜勞作的忍辱負重，是養兒育女的奉獻犧牲，還要有接納丈夫三妻四妾的大度寬宏。

如梅蘭芳的原配夫人王明華。十八歲嫁給尚未成名的梅蘭芳，先後生下一子一女，成為梅蘭芳的賢內助。他的演出服裝、頭飾假髮，所有內務皆由她打理。他們曾是一對相敬如賓、互助互愛的模範眷侶。不幸幾年後，一對子女相繼夭折，王明華因過度悲痛患上肺結核。為續家族香火，梅蘭芳續娶福芝芳。

而福芝芳亦是恪守傳統女子的賢良淑德，生下孩子後，第一時間交由奶媽抱給王明華。王明華亦深明大義，滿月後即將孩子送回，並親自為孩子做了衣物鞋帽。

她怕將病傳染家人，主動提出離家，至天津醫院長住。

一九二六年梅蘭芳迎娶孟小冬之前，特意帶一行人至天津，欲請王明華作媒。她欣然應允，當場將自己的戒指戴到孟小冬手上。眾人皆為她賢慧開明所動。

王明華自始至終，孤身在天津養病，直至病逝。

子女夭折，病痛纏身，丈夫新歡一任接一任。她心中是否有過痛？

識大體，明大義，端莊持重，克己奉禮，是舊式女子的生存法則。

即使潑辣強悍如王熙鳳，依然要故作賢良佯作親密迎回尤二姊，「我今來求姊姊進去和我一樣同居同處，同分同例，同侍公婆，同諫丈夫。喜則同喜，悲則同悲，情似親妹，和比骨肉……」

男權時代背景下，她們並無多少選擇。

03

賢慧本身不是貶義。

現代女性的獨立自強，也不是一定要跟賢慧作對到底。

只是，作為一個新時代女性，還要用舊時代的賢慧去綁架自己，壓抑、降低自尊，自我貶損。很遺憾，這便是媒體業名女人洪晃說的：「中國女人倒霉，全是『賢慧』鬧的。」

賢慧這個詞，歷久彌新後完全可以有更寬泛的定義和更開闊的格局。

何為賢？有德行，多才能。

何為慧？心慈，仁愛。

如果當下的賢慧，如百度釋義——德行貴重，溫良和善，通情達理。

那麼，這不只是對女人的要求，男人也需要具備。

如果當下的賢慧，是直男癌標準——做家務，帶孩子，忍辱負重奉獻犧牲。

很抱歉，我們不接受它作為現代女性的標準配備。

生活壓力重重，前路道阻且長。

我願把精力體力，用在與伴侶共同建造婚姻大廈，溫暖家園。

我願把腦力心力，用在與愛人共同抵禦塵世雨雪，危機風險。

但是，請別把刷不完的碗碟、洗不完的髒衣、無休止的家務、無限度的包容、無自尊的忍讓，視作天經地義、理所應當。

比起舊式婚姻要求的「賢慧」，女人更願意賺錢和變美。

做妻子，我們與男人並肩前行。

當媽媽，我們為孩子樹立榜樣。

另外我還貌美如花，讓全家賞心悅目光耀門楣了呢。

家和萬事興，靠的是共同經營，而不是女人的單方犧牲。

我也喜歡那些在廚房熱熱鬧鬧煙火氣的女人，但我更相信，那是她們發自內心地熱愛，而不是為討對方一句首肯，悲悲切切囿於三尺灶台，絞盡腦汁地蒸燜燉煮。

那些有愛、有自我、有人格魅力的女人，不是靠隱忍去維繫婚姻，不是用犧牲去留住男人，她們本身就鮮活迷人。

男人別拿「賢慧」綁架女人，女人別拿「賢慧」禁錮自己。

好的婚姻，靠的從來不是舊式的賢慧，而是雙方的智慧。還有兩個人給予彼此的那些千金不換的情義、溫厚如水的慈悲。

玻璃心是最辛苦的矯情

學會做一個聰明女人，既不咄咄逼人，也不白白受氣，建立自己的原則、邊界，學會溝通的藝術、相處的技巧。

有人總結中國式婚姻：流水的夫妻情義，鐵打的婆媳問題。

夫妻問題有很多種：三觀（世界觀、人生觀、價值觀）不合、出軌外遇、感情寡淡、貌合神離……而婆媳衝突卻都如出一轍：婆說婆有理，媳說媳叫屈。

在我接觸到的所有關於婆媳問題的諮詢和傾訴中，原本夫妻感情不錯，最後硬生生被婆婆逼到離婚的案例，一抓一大把。

婆與媳，表面是兩個女人的戰爭，本質上是兩個女人圍繞一個男人的較量。

不得不說，在當下，婆婆難當，媳婦難做。

01

有次我帶兒子上游泳課，遇上一位五十多歲的阿姨要找私人教練學游泳。我說：「阿姨你這年歲堅持健身，真值得年輕人學習。」

她說：「什麼啊，我是怕以後兒媳婦問我兒子，我和她同時掉水裡該救誰，我兒子就能直接告訴人家，我媽會游泳，放心吧！」

唉，這現實，把我們這些要當婆婆的都逼成啥樣了。

昨晚我對老公說：「我要重新制定下半生的學習目標了。」

「啥？」

「如何當個好婆婆。」

他不以為然。他這種單細胞生物哪會懂，做一個未來婆婆有多難。

若將來兒媳婦生孩子，你建議人家剖腹產還是自然產？

你要說剖腹產，會有人說：「哼，就顧著讓孩子快出來，不惜讓兒媳婦挨一刀。」

你要說自然產，會有人說：「肯定是覺得自然產對孩子好，還比剖腹產省錢吧。」

唉，這婆婆太難當了。

我一番深思，總結出未來當好一個婆婆必須具備的兩點：明理＋有錢。

首先是明事理，有分寸。

別去人家的小家裡摻和，別去親家面前叨叨些沒用的，別要求兒媳婦拿自己當親媽。婚禮辦不辦，孩子生不生，以小倆口的意見為主，我充其量參與個意見，要是人家打定了主意，我一個屁都不多放。

跟兒媳婦保持距離，客客氣氣就挺好，看不慣的就不看，聽不慣的就少聽，自己該幹麼幹麼，別要求別人都按自己的想法做事。

其次是有錢，捨得花。

能大方給錢，就少落埋怨。少計較，少算計，能用錢解決的婆媳問題，都是送分題。別上趕著給人家買東西，你喜歡的人家未必稀罕，想表達心意，給錢就好，人家喜歡啥自己去買啥。**明理的婆婆不越界，出錢的婆婆不囉嗦。**

想完這些，我頓覺天開地闊，神清氣爽。

02

我發現，婆媳話題有一個規律，女人基本都會自動分為兩大派系——沒被婆媳問題深深傷害過的，基本都認同「包容體諒、將心比心」。在婆媳關係裡受過傷流過淚寒過心的，基本都是「枯藤老樹昏鴉，別拿婆婆當媽」。

實際上，遇上了開明婆婆的女人，絕對不只是幸運，必有自己的眼光和實力。

攤上了極品奇葩的婆婆，也不能一味抱怨，畢竟是你親自結的婚，親自挑的男人。

在婆媳關係中，我不主張一味包容忍讓，無論哪一方是天真的「傻白甜」、軟柿子，不設界限、不懂反抗，通常都沒什麼好下場。我也不贊同飛揚跋扈、事事較量，非要一方降伏一方，非要踩到對方頭上，狗血大戰日日上演，日子永遠不得安寧。

婆媳關係是每個家庭最難念的一本經，但它的本質就是人際關係的一種。只是因為夾了一個男人，才變得格外錯綜複雜。如果這個男人成熟，情商高，他就能成為最好的平衡器和潤滑油。如果這個男人幼稚，情商低，他就只能成為導火線和罪魁禍首。

所以，**解決婆媳問題，有三種策略。上策是調教男人，讓他出面解決。中策是自己出馬，親自上場解決。下策是消極抱怨，誰都不去解決。**

曾有人質問過我，「你的文章為什麼總讓女人提升、改進，男人憑什麼就可以不求上進？」

不是男人就該不求上進，而是，在一個家庭之中，決定幸福指數的通常是女人，對情感關係、對婚姻品質要求更高的也是女人。

我想這也是當下男人和女人最大的區別，女人總是為了提升幸福指數而主動學習、努力。

而你問問男人呢，通常只會說一句，「那是我媽啊，我有啥辦法。」

03

年輕時，你當媳婦，若能搞得定婆婆，絕對所向無敵。

年老時，你當婆婆，若能搞得定媳婦，絕對老當益壯。

所以，我很負責任地告訴你，雞湯喝再多也是沒用的。

解決問題，需要策略、情商、技法，一手感情牌，一手理智劍。

每當看到有人苦口婆心地說「要感謝婆婆，畢竟她生養了你老公」之類的話，我真心覺得好笑。這個男人是不是我老公，人家婆婆都會好好養，畢竟那是人家親兒子，又不是專門給我養的。

還有人三番五次強調，「我們把女兒養這麼大不容易……」那我們兒子也不是大風颳來的，不是海潮湧上來的啊！

養兒養女，誰家父母不都是一把屎一把尿，一步步走一口口餵嗎？

婆婆不是對頭，媳婦不是死敵。就算不能親如母女，也不必成為仇人。

學會做一個聰明女人，既不咄咄逼人，也不白白受氣，建立自己的原則、邊界，學會溝通的藝術、相處的技巧。

夫妻關係才是家庭幸福的基石。與其槓上婆婆，不如調教老公。夫妻感情好了，讓老公成為自己的盟軍，婆媳難題自然迎刃而解。

知己知彼，投其所好，該嘴甜的時候嘴甜，該嚴肅的時候嚴肅，有分寸，有界限。

玻璃心是最辛苦的矯情。當你將它狠狠拋棄，讓自己成為一個內心強大的女人，那些冷嘲熱諷的口氣、吃醋拈酸的表情、綿裡藏針的伎倆，就再也沒有殺傷力。

一個聰慧的女人，不會讓自己在婆媳關係裡一味委屈，更不會讓自己始終陷在狗血劇裡。

不必非要做完美媽媽

我們都在努力修行中，
你是女人又不是聖人，你是當媽又不是成仙。

01

接受一個採訪，記者小妹非常嚴謹認真，在確認完所有問題後，她說：「我還想補充一個問題……」

我說：「你是不是想問『你是怎麼平衡事業家庭和自我的』？」

她點頭：「是呢是呢！」

你看，同樣的問題男人就不會被問。就如同，不會有人對他們說：「你要好好努力多賺錢，否則拴不住女人的心。」「你要學習溝通自我成長啊，不然老婆很容易出軌的。」「你看看你這禿頭黃牙啤酒肚，再不健身要被拋棄的。」

想起女主持人楊瀾說過：「成功的男性基本上不需要回答這個問題，就好像他們如果忽略了家庭的責任和天倫之樂是理所應當的，而女人如果沒有把家庭照顧好就別來談事業。這種潛台詞代表著一種不平等。」

我們生活在一個媽媽是超人的時代。好媽媽的標準，被各種勵志貼概括為一條神總結：自己是辣媽，兒女是學霸；臉上芙蓉面，腰上馬甲線；教得好豬隊友，hold得住熊孩子。與老公恩愛甜蜜，跟婆婆親如母女；烘焙繪畫樂高書法，美容化妝時尚瑜伽；養娃賺錢兩不誤，家庭事業同時抓！

如果你哪一點沒做到，就會有人拿辣媽專訪和明星報導甩給你：「看看人家！」

02

我對採訪小妹坦誠相告，「根本平衡不了，一樣雞飛狗跳。」

她不信，「可你做得很完美啊。」

呵呵，到我這個年紀，經歷了生活的一地雞毛之後，對所有看上去「完美」的東西都保持距離。

我一年給孩子做不了三頓飯，我從來不洗衣服不做家務，工作日我每天最多陪他玩兩小時。瘦，是因為我有天生吃不胖的基因，而不是像超模一樣頓頓吃草天天捲腹。

美，是因為有人幫我哄著孩子，我能每週末去一次美容院保養這張老臉。有空寫作，是因為一切家務都有人替我承擔，我六年沒進廚房沒刷過一次碗。堅持工作，是因為我深知自己缺少耐心，煩躁易怒，當不好全職媽媽，不如滾去賺錢。

知道了這些，你還覺得完美嗎？

那妹子怔了半天說不出話。

曾有人提醒我，「別總瞎說大實話，該裝的時候要裝一下樣子。」

我裝啥呢？

一個普通女人，幹麼非要硬充女神。一個平凡媽媽，何苦逼自己當超人。

憂鬱，焦慮，憂心，崩潰，在我身上一樣不落地輪番上演過。

奶水不足，我自責，不能給孩子提供充足健康的口糧。工作出差，我內疚，不能在最重要的時期給他陪伴。夫妻吵架，我愧悔，不能給孩子相親相愛溫暖和睦的氛圍。

這一切似乎都是我這個媽的錯，負罪感一直伴隨了我好幾年。

直到一路摸爬滾打過來後，我發現，我們都曾經被「完美」綁架。

人家孩子白白胖胖，你家娃體重不達標——媽媽養得不好！

人家孩子能說會道，你家娃內向靦腆——媽媽陪得太少！

人家孩子能歌善舞，你家娃ＡＢＣ１２３剛學會——媽媽教得太糟！

好像這一切，都是媽媽不夠優秀導致的。誰規定，當媽的女人就得身兼育嬰師、教育專家、營養學家、醫師、護理師、心理學家十項全能？

03

美國哺乳期媽媽安娜・楊一邊跑馬拉松一邊擠奶。

日本醫師吉田穗波生五個孩子上著班順便考了個哈佛。

英國運動員傑西卡・恩尼斯產後三個月即恢復訓練，一舉拿下世界田徑錦標賽七項全能冠軍。

澳大利亞參議員華特斯懷抱亞麗亞・喬伊，一邊開議會一邊為兩個月的寶寶哺乳。

現在讓我看這些，我一點都不羨慕。

我的身體要休養，我的肝臟要排毒。甘願放軟自己，硬撐不起。

英國兒童心理學家唐諾・溫尼考特提出一個概念：Good-enough Mother，即：足夠好的媽媽。

什麼是足夠好的媽媽？

糟糕的媽媽，是對孩子的需求置之不理，或置孩子於危險境地仍不理會；完美的媽媽，是滿足孩子需求後仍然不放手、過於放大危險，不能讓孩子承受任何挫折；而足夠好的媽媽，會讓孩子體驗失望和挫折，在保護和放任之間留有恰好的空隙，給予孩子信任和勇氣。

心理學家曾奇峰老師說過：「一個足夠好的母親，就是一個六十分的母親。」

我們生怕自己成為一個糟糕的媽媽，所以拚命成為完美的媽媽。其實當媽這事，六十分就可以了。

沒有誰能給孩子完美的愛，我們自己本身就是不完美的。

所以——

胖點就胖點，適度運動，保持健康，沒有規定練不出馬甲線就不配當媽。

上班就上班，全職就全職，選哪一樣，都接受無法兼顧的事實。

鋼琴畫畫舞蹈奧數（國際奧林匹克數學競賽），喜歡就一起學，不喜歡就別勉強，畢竟你當年也不是什麼學霸，一把年紀就別逼自己了。

偶爾管不住脾氣，吼就吼了，真心給娃道個歉，我們都在努力修行中，你是女人又不是聖人，你是當媽又不是成仙。

不隨便指責他人，也不輕易攻擊自己。寬容別人的前提，是接納和善待自己。

偶爾抓狂，偶爾崩潰，都正常。永遠沒情緒沒脾氣的媽媽，那是拉斐爾的聖母畫像。

完美這東西，就跟偉大一樣，是沒有標準的。不是非要跟犧牲畫上等號才行。

一個人真正的強大，首先是放棄執念，接納缺憾；不攀比，不豔羨；接受當下，享受當下。

讓你去養豬都未必能養好，更何況是養個娃呢？

想明白這些，你就可以自作主張原諒自己了。

再平淡的愛，都不應該是冷冰冰的傷害

面對蓄意而為的冷暴力，你只有不怕離開，不怕失去，
才不會在施虐者的冷漠和自私中苦苦消耗自己，為難自己，折損自己。

01

認識小麥是在十幾年前。

當時我倆在同一棟辦公大樓上班，住處離得也很近，上下班經常順路。年齡相仿的女孩子，很容易就搭上話。結識之後才發現，我倆竟然還有更大的共同點——都是異地戀，並且男友都在青島。這讓我倆一下子熟絡起來。

小麥在房產交易中心工作，屬於沒有編制的契約工，掙的那點工資，全貢獻給了交通事業。

每個週末，她坐六點半最早的大巴，顛簸四小時車程到青島會情郎。週日晚上，再坐五點四十最晚一班車返回威海，週一正常上班。

每個週五，我幾乎都能收到她準時的簡訊：這週去青島嗎？要不要一起買票？

她像一隻不辭勞苦的蜜蜂，飛在青島威海兩個城市間，想採遍愛情花朵裡所有的甜。

直到一天夜裡，她哭喪著臉來到我的住處。辛勤的小蜜蜂，憔悴得像隻枯葉蝶。

她說，她已苦撐三個月，不知道該怎麼走下去。見面沒有激情擁抱。夜裡沒有旖旎纏綿。離開沒有依依不捨。

她跨越兩百多公里飛奔而去，男友留給她一張戴著耳機打遊戲的背景，剩她獨自輾轉，獨自淪陷。她想聊天，他迴避閃躲。她想親暱，他推託累了。

要分手嗎？他說不是。別的什麼也不說。不愛了嗎？他不承認。只是什麼也不做。

小麥徹底懵了，六神無主，日夜難安。

二十出頭的女孩，未嘗人性的複雜。愛情遭遇困境，只會蒙頭痛哭，一遍遍地追問自己「為什麼」。

在我看來，就是不愛了。

可若真是變心了，就該直接提分手啊。

「但他並沒說啊，我覺得我們是因為離得太遠才這樣的，我還是應該去青島早點結婚。」

那時的我，對自己的異地戀情也茫然著，不確定小麥的問題出在哪裡。

她最終義無反顧地辭職去了青島。
可我始終沒有得到她的婚訊。

02

許多年後，某次朋友招呼飯局。範圍很小，只有相熟的四個朋友。
一哥兒們在酒後，對我們坦白了多年前的一段婚外情。
那時他三十五歲，平步青雲意氣風發。有女孩對他一見傾心。羅敷無夫，使君有婦。可青春貌美嬌豔欲滴的少女、熾熱灼燒不求回報的純愛，誰不喜歡呢？
他身體雖未有實質性行動，但心還是動了。
欲望是經不起比對的。
回到家，對著那個平淡髮妻，再也無法心甘。
於是煩躁，冷漠。終日一張冷臉。不親暱。不交流。不理會。
髮妻無辜，不明所以，委屈落淚，他以變本加厲的沉默以對。
直至髮妻心冷如灰，提出離婚。他暗喜，終於如願，重獲自由身。
離婚後，他與那女孩甜蜜蜜地膩歪了一段時間。最終激情消退，一拍兩散，並未抱得美人歸。
兩年後，他娶了一個普通的離異女人。因為那女人身上，有他前妻的影子。

他乾了滿滿一大杯紅酒：「當初真的挺不是東西，為了逼老婆提離婚，就故意那麼冷冰冰地對她，她哭，她生病，死活我都不理。」

我突然明白了，多年前我一直沒搞懂的小麥男友。

03

如果給情感歷程畫一條曲線，男人和女人在激情期過後，就是截然不同的兩種走向。

女人普遍缺乏安全感，感情付出到一定程度，就渴望婚姻的承諾和保障。

在情感關係裡，急於上床的，一般都是男人。

而渴望結婚的，往往都是女人。

就像當年二十多歲的小麥。她全情投入，一廂情願，一心結婚，絲毫沒有意識到危機。

男友的冷淡和疏離，看似無意，其實是在向她傳達一個明確的信息——我已經不愛你了。

不愛就不愛，為什麼不能明說呢？

不明說，是因為他不想背這個鍋。

他還想偽裝成一個好人，讓對方主動來提。如此，他就能堂而皇之地給自己解脫：是你主動要分手的，可不是我說的。

甚至，還要做出受傷狀、不捨狀、無奈狀，扮演一個被拋棄的無辜受害者。

沒錯，是她先提分手的，但是誰先想分手的？

04

而已婚男人長久的沉默和冷漠，更不要輕易以為，只是長久相對無話可說。

很多時候，那是一種赤裸裸的冷暴力。

那個離婚哥兒們遲來的懺悔，徒留唏噓。

我心疼他的前妻。身為女人，她熬過多少被淚水浸泡的漫漫長夜。作為妻子，她忍過多少被苛待冷落漠視的時刻。

她一定也曾做過努力，嘗試溝通，學習主動。或許她還曾自我質疑，是否因自己不夠好不夠美不夠溫柔，才讓男人這般無趣。可是男人關閉了所有通道，袖手旁觀，事不關己。

她無論如何努力，只換得自己一聲嘆息。

男人逼女人主動放手，最絕情的套路其實是這招。他不爭吵，不打罵，任你哭，任你鬧，任你委屈，任你絕望，就是不接招。和那些動輒家暴、張口閉口讓你去死的粗魯男人相比，他們甚至贏得了名聲，博取了加分——男人不吵不鬧脾氣好，女人你還矯情什麼？

別以為不動粗就是好男人。女人一定要明白——熱暴力是肉體的傷害。冷暴力是精神的凌遲。這是家暴的另一種表現形式，它比爭吵，甚至比出軌更傷人。

嚴格地說，這是一種精神虐待。

05

法國心理學著作《冷暴力》一書中指出：「不肯為婚姻失敗承擔責任，是觸發精神虐待的原因。施虐者早已沒有了愛，口頭上卻往往不承認。」「他冷酷地看著她，不帶一絲感情，好讓自己與她的痛苦保持距離。她無處發洩，轉為焦慮。」

用精神虐待逼迫對方主動放棄和離開，這才是最狠的心，對曾經愛的人，做出的最狠的事。

女人們，請睜大眼，擦亮心。婚姻大多都會進入疲乏之期，但是，所謂的左手握右手，是激情消退之後的相濡以沫，不離不棄。

不是你傷心難過他坐視不理。不是你發燒生病他置若罔聞。不是你遭遇難關他視而不見。那不是平淡，那是自私和冷血。

許多懦弱的女人不願正視現實的殘忍，只是一味為男人開脫：他只是不擅長溝通，他只是反應遲鈍，他只是不太會關心人。

冷漠和遲鈍，根本不是一回事。自私和鈍感，千萬別混為一談。

無論未婚的女孩還是已婚的女人，別被這種把戲矇騙。不在冷漠中爆發，就在冷漠中滅亡。面對蓄意而為的冷暴力，你只有不怕離開，不怕失去，才不會在施虐者的冷漠和自私中苦苦消耗自己，為難自己，折損自己。

再平淡的愛，都不應該是冷冰冰的傷害。

玻璃心是最辛苦的矯情。
當你將它狠狠拋棄，讓自己成為一個內心強大的女人，
那些冷嘲熱諷的口氣、吃醋拈酸的表情、綿裡藏針的伎倆，
就再也沒有殺傷力。

那些關於婚姻的實話，你敢聽嗎？

所有婚姻都有成本。經濟的，肉身的，精神的。
愈往後走你才會真正體會到，
當初你覺得俗不可耐的，恰恰都是重要的。

N年前，我曾興沖沖地做過一套計劃：等到結婚十年的時候，我們要帶兒子拍一套婚紗照，要去當年辦婚禮的酒店吃一頓飯，要策劃一場旅行重溫蜜月……

然而事實是，我在十年紀念日過去一週之後，某天簽字時看到日期，猛地一拍大腿，「忘了啊。」

這就是一對結婚十年的夫妻的日常。

現實，瑣碎，偶爾耍寶，時常互黑；為家長里短嘔氣，為雞毛蒜皮鬥嘴。

因為經常寫情感文，總是會收到讀者詢問：「愛玲姊，你的婚姻一定特別美滿，真羨慕你們。」我每次都嚇得趕緊否認：「千萬別羨慕，該有的煩惱、齟齬、糟心，誰都不比誰少。」這是真心話。

我之所以喜歡寫情感和婚姻，是因為這十年走來，每個階段，都給我帶來新的感悟。

我在婚姻裡走的十年路，每一步都像一面自帶X光功能的鏡子，照出我骨子裡真實的自己，讓我思考，反省，在艱難悟道中，積累出一點點生活的智慧。

未必正確，未必好聽，我能給出的只是真實與坦誠。

01 感情是感情，人性是人性

在新書簽售活動現場，有位讀者對我說，她和愛人現在是兩地分居，因為曾在文章看到我也有過類似的經歷，想問我怎樣經營異地感情。

我給她的回覆是：想盡一切辦法，盡快結束異地狀態。

我知道這聽起來是句廢話，但的的確確是我最真實的想法。

我經歷過異地戀和異地婚，所以我作為過來人的經驗是，感情並不是萬能的。

異地戀最艱難的階段，前路遙遙無望，我動搖過，質疑過，想放棄過。儘管最後，歷盡坎坷地堅持下來，其實離不開天時地利人和。

我也看過很多經不起時間、經不住考驗的感情，雖有惋惜，但也能理解。人的本性就是趨利避害，抗不住的時候，想妥協於現實，想臣服於命運，並不僅僅是哪個人的錯。

一個成熟的人，會相信感情，也會尊重人性。

少試探，少考驗。聽天命之前，先盡人事。把該做的努力做完，再說無憾。

02別拿戀愛的標準去要求婚姻

結婚多年之後我逐漸明白一個道理，生活本身就是一個令幻想不斷破滅的過程，因為幻想破滅，所以必須看清現實。因為接受現實，所以讓人成熟成長。

戀愛時，誰不是萬千寵愛集一身。你指東他從不往西，你說南他絕不指北。你小嘴一噘要天上的月亮，他恨不能插翅即飛。

談戀愛，是讓人變成近視眼，霧裡看花水中望月，朦朦朧朧中彼此都是盛世美顏。

婚姻這東西是副眼鏡，婚後一戴，對方的瑕疵醜陋，邋遢懶散，原原本本被還原，看得一清二楚。更要命的是，曾經你一生氣，他就不計成本地哄，如今你雙淚暗垂，他獨自鼾聲如雷。

女人這一生要過的關卡，最難的不是從少女到少婦，而是「失衡」這一關。

怎麼辦？調整標準，降低期望，文藝腔留給夢想，煙火氣才是生活。

你看那些婚後能把日子過得風生水起熱氣騰騰的，從來不是玻璃心矯情病的小公主，而是調整自我適應角色的大女主。

03 一生中有一萬次想掐死他的衝動？太少了！

網上金句說，婚姻中會有一萬次想掐死對方的衝動。拉倒吧，一萬次怎麼夠。

你算算吧，就按三十歲結婚，八十歲終老，在一起過五十年，共計一萬八千二百五十天。更何況，經常一天就想把他掐死好幾回啊！

你想要安慰求抱抱，他一句話把天聊死；你要傾訴想吐槽想宣洩，他一臉懵懂說不關我事；你需要支持要鼓勵要讚美，他答得驢唇不對馬嘴。

更不要提這些時刻——你孤立無援，他堅定站在婆婆的陣線上。你勞碌奔波操心受累，他一人吃飽全家不餓。你費盡周章耗盡心力，他樂呵呵甘當豬隊友。

有時候你不得不感慨：歲月不是殺豬刀，你老公才是。

放心。你看老公是傻子，隔壁老王亦如是。

04 不必羨慕別人家的老公

對他人的生活，我們看到的永遠只是一面。

真正的日子，背後的雞毛都各自飛。別輕易羨慕誰，即使我們心裡有無數個典範模板——錢鍾書與楊絳、山口百惠和三浦友和、周潤發與陳薈蓮……

我們都是帶著美顏濾鏡看別人，然後又掏出放大鏡看自己身邊這個。

你選擇了一個人，他的優點缺點都是你的。你享受了好的，也得承擔壞的。

那些淨是優點的男人，正是因為他是別人家的老公。你沒與他一日三餐朝夕相對，不曾有過雞毛蒜皮的時刻，自然沒領略過雞飛狗跳的滋味。

睜著眼睛選人，閉起眼睛相處。除去人品和原則問題，底線之內的事，幾家歡樂幾家愁，誰都不必羨慕。

05 婚姻裡的愛、錢、性，一個都不能少

這三樣東西，單挑哪一個都不是萬能的，但離開哪一個都萬萬不能。

沒有愛，婚姻是座風雨飄搖的危樓，經不起現實輕微磕碰。

沒有錢，你以為有情飲水飽，最後發現什麼也幹不了。

沒有性，起初只是身體的飢餓，隨之而來的是靈魂的枯萎和寂寞。

愛情很縹緲，婚姻很實際。它就是由愛、錢、性三個要素共同構建的一個利益共同體。這是一個鐵三角，如果其中一個少了，另外兩個就要多些，才足以彌補和平衡。

所有婚姻都有成本。經濟的，肉身的，精神的。愈往後走你才會真正體會到，當初你覺得俗不可耐的，恰恰都是重要的。

一些事，感情或許會放過你，但生存卻不會饒了你。

曾經有男讀者問我，為什麼女人總愛看情感文章裡的雞血雞湯。

我告訴他，因為婚姻的真相裡全是雞毛啊。

愛情裡，浪漫有時，文藝有時。

婚姻裡，煙火有時，油膩有時。

我也曾在心裡問過自己：如果重來一次，我還會做同樣的選擇嗎？

答案是：如果讓我退回和當初一樣的年紀，我還會做同樣的選擇。

如果讓我保留現在的認知，我的選擇或許會是不同的。

但我仍能感覺到真實的幸福。只是，**「30+」的幸福與「20+」的幸福不同，它不是你向愛的人索取的，而是你自己經營的。**

那晚燈下，我對枕邊人說：「結婚十年，加上戀愛八年，我竟然為你付出了十八年。」

他放下手機抬起頭，悠悠地說：「也是我的十八年。」

我倆相視一笑。所有感嘆心照不宣。

所有能走到最後的婚姻，都是因為生出了恩情與道義，寬容和慈悲。

這一切，才抵得過時光蕭索，山河寂寞。

我們都曾有一百個想離婚的念頭，終究，還是找到了一百零一個過下去的理由。

你把男人當孩子養，就別怪他拿你當媽用

一個真正有自我的人，不會為誰盲目犧牲自己。無論愛人，或是孩子。

01

先提個問題：一個已婚女人，被公司派至外地參加一個月的封閉培訓，無法與老公聯繫，結束之後回到家，最怕看到的是什麼？

是不是首先會想到——老公跟小三鬼混，或者帶別的女人回家，或者在廁所發現了來路不明的女性用品……可惜都不是。

等待她的，是三十四雙臭襪子，滿滿一大盆，臭氣熏天地堆在洗手間裡。

聽女友小瑜講完她的遭遇，我不厚道地笑了，問她：「一個月三十天，就按一天一雙吧，你家這位怎麼穿出三十四雙來？」

她氣得吐血，「每週還要跟他同事打球呢，這不正好多出四雙！」

「那他平時也這樣？」

「對啊，結婚六年，襪子從來不洗，直接脫下來扔廁所地上。」

「你要不給他洗，他能怎麼樣？」

「就會扔到洗衣機裡，那洗衣機裡都是貼身的內衣，我可受不了攪著襪子一起。」

沒錯，男人就是這樣，懶惰，邋遢，放任，婚姻裡的雞零狗碎都是女人承擔。

但換個角度說，他為什麼能心安理得地攢三十四雙襪子等老婆回來給他洗？老婆出差學習一個月，難道不應該是備桌好飯，接風洗塵，迎接鳳駕回鑾嗎？

小瑜嘆氣，「這些年我簡直就是他的保母，早晚不是被氣死就是被累死。沒辦法，他這把年紀都成習慣了，改不了。」

我沒客氣，「**這習慣，是你給他培養的。**」

02

曾有個讀者向我傾訴，抱怨老公自私，一點都不體貼。

她結婚多年，一下班要洗衣做飯，家務全包。每到冬天，還要把農村的婆婆接來住上幾個月，照三餐伺候著，男人什麼都不管，下了班就在街上看人下棋打牌，要麼就跟狐朋狗友喝酒，有時喝到深夜回來，還要把她從睡夢中叫起來，說肚子餓了要吃麵。

某次她氣急，怒斥男人懶惰，卻換來對方明目張膽地輕視和不滿，「誰家男人不是這樣，就你幹那點活？人家老劉說，他老婆每天早上都把皮鞋打好油擺門口，我還沒說你呢！」

她在微信上絮絮發了十幾條，問我：「你說，男人的良心都哪去了，怎麼這麼不知道心疼人呢？」

我問：「你是只想跟我倒倒苦水吐吐槽呢，還是想聽我真實的意見呢？」

她說：「我就想知道怎麼能治他這個懶！你在微信上語音留言就行，我先去把飯做了，晚上再看手機。」

我：「……」

很多女人不明白，你看到的果，其實自己恰恰就是那個因。

你抱怨男人永遠像個長不大的孩子，是因為你自己早就當了他那個媽。

03

婚姻裡，如果女人的妻子身分錯了位，男人的丈夫角色就必然會缺位。

你把老婆和老媽的活都幹了，男人百無一用，便心安理得退回到嬰兒狀態，餓了哭，飽了睡，吃喝拉撒事事有人服侍到位，他不必當英雄，甘願做嬰兒。

就像面對三十四雙臭襪子的小瑜，我問她：「不給他洗會怎麼樣？」

她會說：「總不能讓他沒得穿啊！」

「沒得穿就沒得穿唄，我就不信一個大男人會光著腳出門。」

「那他就自己買新的。」

「那就由他買，多買一百雙襪子也不會破產，發家致富也不是靠他省出來的襪子錢。」

「可是……」

哪有那麼多可是？無非是，你習慣了鞠躬盡瘁，他習慣了坐享其成。婚姻裡的怨婦是怎麼練成的？都是從聖母演化來的。

過度付出——心態失衡——不停抱怨。

它們是對孿生姊妹，從來都是相生相長的。

婚姻這東西，本來就是你情我願求仁得仁的事。

大女主劉嘉玲，在節目中提及梁朝偉的另一面，「家中有事他第一個閃人，直到解決完了才回來。」

她說家中房子裝修，有噪音，有陌生人，梁朝偉提了一個小箱子便走人了，直到裝修完成再回來入住。

沒關係，她喜歡啊，她欣賞啊。

錢鍾書也是位生活不能自理的大少爺。婚後家中一切事務皆由楊絳包攬，做飯縫衣，打掃採買，她是他心裡最賢的妻最才的女，甘之如飴。

最累的情形是，一邊當聖母，一邊做怨婦。

聖母心的人缺少自我，習慣用過度付出來證明自我價值。

「我為你做了這麼多，為你犧牲這麼多，你為什麼不能體諒我，良心都被狗吃了……」

作家張德芬曾說：「個體與個體之間，常常是彼此吞噬的關係。」

說白了就是，如果你沒有自我，就容易被對方吞噬。

一個真正有自我的人，不會為誰盲目犧牲自己。無論愛人，或是孩子。

他有他的一生，你也有你的一生。只有用愛相互成全。

男人不做家務不是婚姻的癌症，但女人無原則地包攬之後又要求男人改變，改變不成就無休無止地抱怨，才最值得反省。

總之一句話：你把男人當兒子養，就別怨他拿你當媽用。

你有勇氣告別錯的，才有希望迎來對的

我們最大的對手，不是外人，而是自己。
人生最大的難關，不是婚姻失敗，而是自我否定和質疑。

不只一個讀者向我傾訴過，離婚真的是扒層皮，沒經歷過的人不懂那種痛。從情感層面，離婚是一次傷害。從經濟層面，離婚是一場破財。

所以我並不鼓勵離婚，但我支持止損。

「婚姻是台舊冰箱，出了問題先修，修不好再換。」我們都希望是這樣。但**如果感情確實已經覆水難收，只剩煎熬和折磨，徒留傷害和痛苦，那麼及時止損，就是一種救命的智慧。**

01

女友Y的婚姻一直飽受煎熬。

從她第一次發現老公跟女下屬曖昧，到後來證據確鑿確認出軌，再到兩人互不理會分房而睡，已經持續了兩年。

前兩年，兩人還能裝裝樣子，逢年過節回雙方父母親戚家，扮一對恩愛夫妻。今年年初起，裝都裝厭了。各回各家，各找各媽。

孩子上寄宿制學校，家中冷鍋冷灶，廚房裡的蟑螂都能餓死。

我問她，「還有挽回和修復的餘地嗎？」

她搖頭，「心死了，救不活。」

是。作家亦舒說過：「一個男人不愛一個女人，她哭鬧是錯，靜默是錯，活著是錯，死了也還是錯。」

無愛的婚姻裡，日日夜夜都是苟且。

「那為什麼不離呢？」我問她。

她苦笑，「我不是沒想過。可是從戀愛到結婚，我十年的好時光都搭給他了，女人一輩子有幾個十年？」

我理解。從二十四歲到三十四歲，從生理年齡來說，這的確是一個女人的黃金十年。

但三十四歲以後呢？**因為之前搭進去十年，所以要耗進去後面若干個十年，這才是一本最不划算的帳。**

02

幾年前我曾面試過一個女孩。

她的上一份工作，是父母為她安排的一家國營企業。工資不高，但穩定體面，一做就是三年。但她心裡很不爽。

她的同事，基本都是拚關係擠進門，互相較勁誰也不服，三個小幫派明爭暗鬥，更別談團隊合作。主管為了保住位置，對基層建議充耳不聞，只求熬到退休平穩著陸。

年終優秀個人評選，沒有業績考核，不看數據報告，要麼憑誰背景硬，要麼按資排輩輪著上。

她在一團烏煙瘴氣中失望透頂。

我問她：「後來怎麼決定辭職的？」

她說，一天上班途中，她在車水馬龍的路中央，突然在瞬間閃過一個念頭——希望發生一起車禍，令她骨折，就不必去上這該死的班了。

她自己也被這個想法嚇住了。原來內心那個真實的人，已經厭惡這件事到了如此程度。

她決定為自己過去的三年埋單。不顧一切先斬後奏遞交了辭呈。

父母大怒，「再做兩年就能晉職稱漲工資，這麼穩當的工作你還有什麼不知足……」

她坐在我對面，向我娓娓講述這些。她從頭向應屆畢業生學習簡歷製作，上網投簡歷，和比她小三屆的學生一起擠在人才市場。

但她的眼裡有光。那光，是她心裡未來的方向。

那女孩最後並沒有來我們公司，但我看到她更新的ＱＱ空間信息，進入一家貿易公司從頭學起，幹勁十足。

我欣賞她的精神和勇氣。放到婚姻裡，這是一樣的道理。

03

女友Y的婚姻，就像那個女孩曾經的工作。形同雞肋，苦不堪言。

之所以不甘心放棄，是因為之前的投入。

男人和女人在心智模式上，最大的區別就是：男人更願意面向未來，女人更習慣沉湎過去。

感情裡，女人太喜歡回顧對過去的投入，比如：我們在一起整整三年；我最好的青春都給了他；我曾為他付出那麼多；我為他做的犧牲那麼大……

這才是我們最大的困局——習慣於根據過去的投入做決定，而不是由未來價值做決定。

經濟學上有個術語，叫「沉沒成本」（Sunk Cost），是指已經付出、無法追回的損失。而為了成本再繼續投入，就是追加成本，而結果就是損失更大。

戀愛談了三年，兩人漸行漸遠，明知已經不再合適，但因為之前投入了三年，硬著頭皮也要結婚。

結婚過了五年，終日吵鬧不休，毫無幸福可言，但因為已經生活了五年，再不滿也得湊合過下去。

一份工作不喜歡，但已經做了五年，就只能繼續行屍走肉地混下去。

一雙鞋子明明磨腳，因為已經花了八百塊買回來，忍著痛磨破皮也得繼續穿。

因為怯懦，所以不敢改變。

因為不敢改變，就只能追加投入。

因為追加投入，產生更大的沉沒成本。

這就是為什麼——**怕損失的人，往往損失最慘重。**

04

Y說：「我要給自己一年時間成長，然後做最後的決定。」

成長究竟是什麼呢？

真正的成長，首先是認知升級。我們要清楚地知道，既然沉沒成本是無法追回的損失，我們唯一能做的，就是終止損失，不再繼續投入。

我對Y說：「如果你最終決定結束這段婚姻，你給自己的這一年，不僅僅是時間，有太多重要的事情需要準備。」

你要增強謀生技能，儲備生存資本，離婚是把你從之前生存了十年的溫室裡推出去，獨自面對淒風苦雨，你必須會飛。而賺錢的本事，讓你免於受苦，免於受辱。

你要諮詢專業律師，掌握法律常識，瞭解財產分割、孩子撫養等重大事件的條款。情到盡頭，能好聚好散的人太少，成年人的智慧，是不害人，但會自保。不赤手空拳上陣，永遠有所準備。

你要做心理建設，強大內心，被傷害過的人，絕地重生也許不難，難的是不被傷害所改變，能繼續珍視自己，永遠熱愛生活。

你想離婚，十年不晚。

要知道你的人生，以後的若干個十年，才是無價的。

我們最大的對手，不是外人，而是自己。

人生最大的難關，不是婚姻失敗，而是自我否定和質疑。

買錯了船票，票價就是學費，不必為了這點成本，在一艘破船上煎熬度日，辛酸委身。

你有勇氣告別錯的，才有希望迎來對的。

既然這麼高成本地活著，就更不能辜負自己啊！

我們唯一擁有的只有現在。
我們唯一能做的只有建設好這些現在，將它攢成更好的未來。

01

朋友最近搬了家，公立幼兒園就在樓下，卻插不進班，其他幼兒園又離得遠，老人接送很不方便，四下託人幫忙。

那個幼兒園出了名的嚴苛難入，我輾轉託人幫他聯絡，最終還是辦不成。

無奈把這消息告知他，人家沒說什麼，我自己先滿心沮喪起來。

這份情緒，不只是未能幫上忙的內疚，更多的是，它勾出我多年來，身為一個異鄉人的落寞和無奈。

朋友和我一樣，也是半路來到青島，一家老小舉家搬遷，只為支持他創業。

如今公司發展很好，也成為別人眼中「混得很不錯」的那一類，月入高薪，年終拿分紅，披星戴月地拚命，終於購房購車落戶口，在這個城市安了家。

可只有我們這樣的人知道，安了家，並不等於扎下根。

和所有那些看上去在大城市混得不錯的漂族們一樣，真正困難當前，依然很難為孩子解決一個入園名額。

這便是，擁有了遠離七姑八舅催生老二的自由、擁有了憑一己之力在他鄉站穩腳跟的榮耀背後，難言的代價與辛酸。

02

工作第一年的秋天，父母從老家來看我。

一是，他們很不放心我與陌生人合租的房子。

二是，他們很想看一眼我上班的公司，哪怕只是看看辦公大樓外觀，也是心安。

他們在公司附近的海邊等我下班，然後我帶他們去一個小飯館吃飯。

兩籠灌湯包，幾個小菜，每人一碗粥。花的錢不多。

可這是我人生的里程碑——我終於用自己的工資，真正請他們吃了一頓飯。

他們住了兩天便回去了。走後爸爸發了一條簡訊，告訴我被子底下放了一點錢。

他還是看出了我的窘迫。

我當然不會告訴他：我繳完房租是如何靠借錢度日的。同事請客我怕還不起人情是如何找藉口不去的。平日是如何謹小慎微不敢生病不敢得罪房東的。以及，半夜應酬回來是如何厚著臉皮請男同事將我送上漆黑樓道的。

那一年，我夜夜下班後都去碼頭看班輪鳴笛起航。

暮色中，大船緩緩駛離，大貨車開出堆場，裝卸工人粗獷談笑著，準備歸家。

別人都有家可回，我沒有。

有時會有陌生男人來搭訕，我緊張得趕緊離開，一路一走一回頭，生怕被尾隨。

那些小心翼翼、畏首畏尾的日子過了很久。

沒錢是一方面，膽小是一方面，更多的，是一個年輕女子在他鄉赤手空拳闖入社會叢林，四顧茫然的無助。

彼時，老公尚是我的異地戀男友，他有時會坐四個小時的長途車來看我，傍晚到公司樓下接我下班。

我見到他，從來不會說一句甜嗲的「我想你了」，更多的是「我通過試用期考核了」、「今天開會經理又表揚我了」的興奮。

對我來說，被主管認可，遠比被男人深愛更重要。

因為失去他，我尚能存活。
而失去工作，我將在此無地立足。

03

多年之後，每當回想起那段往事，太多感慨與喟嘆交織，五味雜陳。

那是我人生的重大財富。

它讓我嘗過孤注一擲、非此不可的滋味。

它逼著我從多愁多感的林黛玉，長成強悍潑辣的王熙鳳。

從此我知道有些苦，我為養活自己必須要嚥下去。

從此我懂得有些路，我並無資格睥睨，唯有咬緊牙關走下去。

我的狠勁，我的決絕，都在那個時期野蠻生長開來。

那年初做ＨＲ（人力資源），我第一次面臨辭退試用期不合格的員工。那是我親自招來的一個外地應屆畢業的女孩。與她面談前夜，我自己先哭了一晚。

我代入感太強，悲傷難抑。

想著這一夜之後，她將再次成為斷梗漂萍，被推向不可知的命運。

想著她是否要重新被擠向人才市場洶湧的人流。

想著她是否會因突然沒了收入來源被房東趕走。

擁抱 脆弱
郭彥麟（精神科醫師）◎著
心的 缺口，就是 愛 的入口
笑是你，淚是你，堅強與脆弱，都是你。
把心打開，靠近珍惜你的人，
也給愛一個機會靠近你。
我們努力想要扮演好所有的角色，卻再也沒有力氣扮演自己，只能穿上密實的硬甲，為了不受傷，也為了不能倒下。但眼淚，不是罪惡的。當我們能展開自己，那些原本便在身旁流動的愛才有機會進來，陪我們哭，陪我們笑。
陪著我們好好去擁抱那個脆弱，但再真實不過的自己。
好好地哭吧，你已經足夠堅強了。
定價330元

38種暖方式，把母女關係愛回來
黃惠萱
臨床心理師；
《商業周刊》良醫健康網專欄作家
愛媽媽
爲什麼
「只要和媽媽相處超過三天，我們就
「我無法忘記媽媽對我的批評、謾罵
「我怨恨媽媽，但看她流淚，我的心
黃惠萱心理師在這本談論母女關係
型。與一般談論此類型的書不同，
成長環境中所受的種種貧乏與創傷
母親也不是不回應女兒，但她可
讓「每一個媽媽」的成
讓困在痛苦裡的「每一
應
該
」
《情緒
暢銷超
最洞
內心
每個女生心裡
也監督著所有
周心理師提供重新找
因為人生其實很短暫

人生障礙俱樂部

臨床心理師的暖心小劇場

劉仲彬（臨床心理師）◎著

定價340元

躁動的意識、迷亂的人格、失速的心……
人類「另類心智」的驚異探險！

社交畏懼症、重鬱症、強迫症、自戀型人格、多重人格、幻覺與妄想，以及失控的「恐怖情人」……這些看起來和你一樣的人，他們的內心又掩藏了多少破碎糾葛黯黑的靈魂。
臨床心理師劉仲彬筆下的人間悲喜，猶如會談室的實況直播，神來一筆的幽默涵容著深深同理，而破碎的靈魂終於在此獲得修復，重新變得完整。

定價320元

爸媽在精神癥

「瘋子的小孩！」曾令

「我會發病嗎？」是最大

但他翻寫了命運。他成為TF

父母都患思覺失調症，被症狀折磨時，跟

他更一度放棄自己，吸毒、飆車，差點殺人

氧水洗傷口一樣灼熱而痛苦，但，療癒從此開

李訓維 諮商心理師

邊緣人格

以愛為名的控制，被恐懼綁架的人生

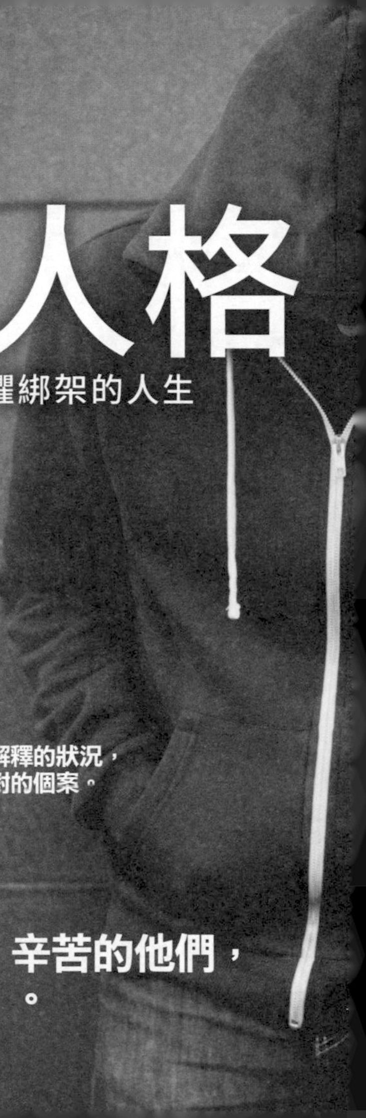

那些在你我周遭，令佛洛依德無從解釋的狀況，
精神科醫師、心理師最不知如何面對的個案。

他們的生命充滿著壓抑與恐懼，
一會逃避，一會疏離，一會渴望愛與親密。
因為對人總是防衛、猜忌、控制的態度，
讓他們長期處在痛苦與煎熬中……

恐懼、焦慮、不安，辛苦的他們，
都是「邊緣型人格」。

定價310元

想著她是否無法找到更好的工作只能打包行李離開這座城市……

我把我對自己的擔憂焦慮，都投射到了她身上。

後來幾年，幾經磨礪日漸圓熟，我學會了面對應聘者侃侃而談，面對淘汰者不動聲色。

不是冷血了，而是明白了，**我們每個人，都要接受這世間競爭規則。無可逃遁也無人代替，那是每個人必須要經受的坎坷必須要蹚的河。**

何止是競爭的淘汰和辭退的無情，還要面對日後無以計數的壓力焦慮擔憂挫敗，風塵僕僕地翻滾著折騰著苦苦奮鬥著，快樂閾值只會愈來愈高。

可這個過程還是會讓人那麼受益。

為了留在這裡，會逼著自己長出羽毛生出翅膀，成為自己的Super man。

為了跑贏對手，會在格子裡間裡孤軍奮戰，刀光劍影，誓不低頭。

為拿出一個方案，為解決一個需求，為搞定一個Bug，硬是不認輸，決戰於巔。

最終，我愛上那種張力，那種韌勁，那種緊張感，那種能對自己下狠手的過癮和痛快。

自此，擁有一份槍林彈雨咬緊牙關之後，終能立身篤定的自持。

04

今年春節過後，公司一個實習半年的女孩辭職。

她很努力也很有潛質，但家人堅持要求回老家。原因不外乎兩點：一、買不上房子；二、找不著對象。

很簡單，卻無比現實。

我能理解她的妥協。

這世間，這塵世，怕與痛、愁與憂，困頓與焦慮，無奈與畏懼，每一天都在每個人身上上演。

離開的不是逃兵。留下的也不是英雄。

那只是每個人甘苦自知的選擇。每一種選擇背後，都意味著告別與適應，都意味著代價與承擔。

我們唯一擁有的只有現在。

我們唯一能做的唯有建設好這些現在，將它攢成最好的未來。

那夜讀到一段文字：

因為在一個城市缺乏根脈，所以漂族們往往更孤獨。他們缺乏從小便認識的朋友、哥兒們，好一點的能有幾個大學同學，差一點的就只有工作認識的利益之交，更因為沒有七大姑八大姨等重要的親緣關係，那些看上去混得不錯的漂族們，也很難為家鄉父老謀得一張在大醫院的床位，或者為沒有當地戶口的孩子尋一個不錯的學校。也正因為這樣的漂泊感，讓他們比任何人都努力，透過個人奮鬥去獲得本地人才有的資源，也正是因為這樣，才讓他和他們漂泊的城市充滿榮光。

淚流滿面。

那些一往無前，那些破釜沉舟，那些暗夜裡刻骨的絕望，那些被嘲笑過的倔強，也許都是我們心中另一種英雄主義。

正是因為經受磨難和歷練，我們才更有勇氣，站在自我獨立的選擇裡，讓荊棘開出花。我們才更加珍視，每一次小步的前進每一份細碎的所得，鋪陳成人生林林總總的小確幸。

昨天翻看日曆，驀然發現，九月九日這一天，距離我當年背起行李異地求學、真正成為一個異鄉人的那一刻，整整過去了十九年。

我全部的青春，我所有的努力，都完好地、無悔地留在了這十九年間。

它如此寶貴，從未浪費。

此刻，三十七歲的我，在經歷過離群索居的低谷絕望之後，在體會過踽踽獨行的無助挫敗之後，在感受過獨在異鄉為異客的惶然悽楚之後，走在人流如織的街頭，穿過鱗次櫛比的高樓，對著那片天海，對自己說：「既然這麼高成本地活著，便更不能辜負了自己啊。」

桃心話 01

來信：

和男友相戀十年，前段時間因為他一夜情的背叛，我們都經歷了一段痛苦時期，最後決定彼此冷靜一下。過了一個月，他卻告訴我他不愛我了，覺得有我的未來不幸福。

我聽後有如青天霹靂，我給了他機會，他卻這樣對我！不愛了怎麼相守十年，我們這段感情早已經超越了愛情，他說即便我們已經結婚了，他也會選擇離婚！他不想耽誤我了，他想過一個人的生活！

我現在很無奈，無法接受這一切，突然之間什麼都變了，當初我走的時候他依依不捨，說讓我等他，現在我卻成了那個逼他的人！兩個早已經融為一體的人，怎麼能如此絕情！

回覆：

女孩，知道嗎？看了你的留言，我本能地想起一部電影裡的一句台詞，「你覺得是幸運，而我覺得是代價。」

現在我想把這句話反過來送給你，**「你覺得是代價，而我覺得是幸運。」**

真的。

如果，現在給你放兩部電影，一部是：一個女孩戀愛十年，付出青春、真心與實意，一門心思談婚論嫁，最終遭遇渣男劈腿背叛，原諒無果，痛不欲生，恨人心薄涼男人薄倖。

另一部是：一個女人嫁給了相戀十年的男友，卻在無數個夜裡懷抱奶娃獨自垂淚，披頭散髮容顏枯槁，男人自私冷漠無擔當，還出軌一夜情找小三。

你覺得，哪一個女主更悲催？

如果想到，第二部裡的人，就可能是未來的你，會不會馬上打個寒顫立馬清醒，無比慶幸。

人在很多時候，需要學會變換思維。

十年感情，傾注心血，彼此血肉相融，如果，我只輕描淡寫勸你一句瀟灑轉身，那是站著說話不腰疼。

我明白十年的戀情對一個女人意味著什麼，沒有任何人，能灑脫到說放手就放手。這無關堅強，只關於感情。

但是，他犯錯在前，絕情在後，出口傷人，毫無悔改之意，在這十年感情前，他置你於何地？

你覺得，你倆已經不可分割了。你覺得，你們已經要談婚論嫁了。你覺得，你們已經是彼此的親人了。很遺憾，這一切，恐怕只是「你覺得」。

婚前的一夜情、婚後的出軌，本質上並無太大區別。因為背叛的本質是一樣的。背後都是自私貪婪與薄情。

痛苦在所難免，但我真心覺得，你該慶幸。慶幸在結婚前，他露出了真正的嘴臉。慶幸在結婚前，生活讓你看清了這個人真實的一面。

總好過，你被哄騙著、欺瞞著結了婚，生了娃，他屆時再改頭換面，你悔不當初，苦不堪言。而懷中娃兒嗷嗷待哺，身後父母年事已高，肝腸寸斷委曲求全。

並非我危言聳聽，而是在婚姻裡打過幾年滾的人都知道，選錯人要付出多麼慘重的代價。

兩個月前，有個讀者給我留言，說她來我所在這個城市看望孩子。

當年她遠嫁至山東，婚後男人出軌，她忍無可忍提出離婚，男人反目，吃定她背後空無一人勢單力孤，用盡各種卑劣手段令她淨身出戶，失去孩子撫養權。又動用各種關係人脈將她逼出本市，不許她看望孩子。這幾年，她眼淚流盡，心如死灰，每次思子心切，只得默默飛到本市，趴在孩子放學的校門處遠遠看一眼。

我都聽得直流淚。

還有多少女人，在雞肋般的婚姻裡迷茫焦慮進退兩難。長夜裡流過的淚，人後嚥下的辛酸，都無法言說。

你覺得割捨十年感情是痛苦，那是因為你不知道，將錯就錯、一錯再錯之後，才是極刑。

不必耗費太多精力去研究男人為什麼這麼心狠，這麼薄情。就像瓊瑤劇裡，男女分手一定捶胸頓足，仰天長嘯「為什麼為什麼為什麼」！

並沒有什麼用。

相反，你倒是需要審視一下你在這段感情裡的地位，為什麼明明是你妥協退讓，卻縱容了他變本加厲。

有時候，感情的時間，不一定和深度成正比。

我曾在以前的文章中提到過「沉沒成本」，很多情況下，女人遭遇背叛，明明痛苦仍不願放手，是因為捨不下之前的投入和付出，總是寄希望於增加成本扳回一局。

但男人比你現實得多也精明得多。他搞一夜情之前，沒考慮過後果嗎？他對你說那些絕情話之前，沒權衡過嗎？

我並不想武斷地否認你們十年的感情，但如果成本沉沒了，就是沉沒了，付了代價，你總要收獲教訓和成長。

很多時候，女人繞不過腦子裡的彎，嚥不下這口氣。

女人一輩子已經很不容易了，別再讓自己不開心，一定要讓自己想得更開，活得更爽。

你在家疊個被刷個碗，你爹媽都感嘆你長大了。你嫁給一個渣男，給他洗衣做飯生孩子，累死累活伺候一大家子，他蹺著二郎腿在沙發上打遊戲看電視，還嫌棄你做飯不好吃，帶娃不仔細。

還有個段子——男人說：我沒錢沒鑽戒沒房子，但我有一顆愛你的心，你願意嫁給我嗎？

很多女孩都不願意。再對比一下你這個，沒錢沒鑽戒沒房子，連愛都沒有，只有一顆說變就變的心，你圖他啥？

所謂愛情啊，是騾子是馬，生活會把你拉出來遛遛的。

看看網上那些文章，「錢才是婚姻的照妖鏡」、「婚姻好不好，生個孩子就知道」……你該多幸運，不必用親身去試，他就自己現了原形。

女孩，這個年代，不必再委曲求全了。地你能掃，架你會打，街你會逛，錢你能賺，你要那個男人是來做什麼的？是來讓你難受的，還是給你找虐的？

把他放進你家戶口名簿，都嫌他浪費那一頁紙。

所以，痛就痛一陣子，太陽照常升起。相信我，你最該享受的幸運，是他的不娶之恩。

讓你哭過的過去，總有一天會被笑著講出來。

就像那個段子講的——失戀後，白天倒還好，有忙碌的工作，可是一到晚上，就再也克制不住自己的感情，把頭埋到被子裡，嘿嘿嘿地笑出聲來。

02

來信：

我最近遇到感情困擾，無法走出來！我女朋友是一個比較愛玩的女孩，異性朋友很多，還經常在微信和其他男生曖昧。一次被我看到了，我就把那些男生刪除了，她就和我吵架分手，我很愛她，我不知道如何挽留是好？

回覆：

野火燒不盡，春風吹又生。你一定明白這個道理。

很明顯，在她那裡，你只是個備胎。

你徒有正牌男友的名分，但她並不愛你。所以她興致勃勃地跟異性朋友們曖昧，全然不顧你的感受。你連生氣的資格都沒有，一生氣人家就鬧分手，到頭來，你還得點頭哈腰陪盡笑臉哄著寵著，這備胎的滋味太不好受。

愛，有時會讓一個人卑微，但卑微和忍辱，是兩個概念。

要麼甘當備胎，要麼轉移陣地。

什麼時候最能挽回一個人？你不想刻意挽回的時候。

03

來信：

桃花姊您好，我是一個縣城的公務員，和老公結婚以來，我們白手起家，在縣城買了兩套房。以前我老公事業還算順利（做銷售），但近三、四年不行了，現在我們這的事業單位做臨時工，工作清閒，掙錢少，一月三千。現在最主要的衝突是我希望他能利用空閒時間多掙點錢，而他總是去打麻將，我們還有他做生意賠掉的十幾萬欠帳，他也不著急還。我心裡對他很失望，總想著要不要離婚？兒子已上高中，很糾結。期盼您的回信。

回覆：

你們這麼多年能白手起家，把日子過到現在這種程度，說明兩人都是有上進心的。男人現在散漫，可能是幾方面原因：

1.工作和原來相比落差太大，從忙碌的銷售到閒散的臨時工，價值感急轉直下，男人又好面子，只能用打麻將來逃避人生的沮喪。

2.人到中年，日漸油膩，覺得前些年夠拚了，現在該補償下自己，反正已經兩套房了，欠帳實在還不上賣一套就是了。不光是你家這個是這麼想，隔壁老王也一樣。

女人呢，有時候挺矛盾的，自強自立喊了若干年，但骨子裡還是做夫貴妻榮的夢。你希望他繼續上進繼續拚，像吃了五百斤口香糖一樣嚼著不能停，但有沒有想過自己可以做什麼呢？別光忙著催他上進啊！

其實任何一對夫妻，想改變對方都是難於上青天的事。把對他的希望先轉向自己試試，一方面能挖掘自身的潛力，一方面少生氣。

他不掙錢你掙啊，他不上進你上進啊。到那個時候，離不離婚，你都不會糾結了。

04

來信：

愛玲姊姊，關注你快兩年了，很喜歡你的文章，你寫的三本書都買了，一遍一遍地看。我在生活中容易多愁善感，玻璃心。我現在孩子四歲了，有時候和老公吵架真的很絕望，感覺想法太不一樣了，有過很多次離婚的衝動，但是考慮到多方面現實問題還是沒離。愛玲姊姊怎麼樣才能成為你這樣的人，改掉情緒化的毛病？

回覆：

多愁善感玻璃心的人，有一個共同特點，就是想得太多而做得太少，從而生出莫名的無力感，甚至憤怒感，繼而遷怒於人。

女人哪個沒點玻璃心？但我一看銀行卡上的餘額，馬上就不叨叨了，不努力賺錢就是犯罪嘛。情緒化不是毛病，當你有了生活的目標並為之去打拚的時候，就會不藥而癒了。

還有，婚姻裡不要輕易動離婚的念頭。真到了絕地也先做好打算再說，**沒有傘的孩子要努力奔跑，但不是讓你去裸奔啊。**

05

來信：

一個二十歲出頭的女孩子，應該把什麼放在首位？是男人？還是工作？還是提升自己？

回覆：

如果家裡沒有礦的話，我建議排序是這樣：

1.提升自己。

2.工作賺錢。

3.男人及其他。

PART 3

欲是性與性，愛是靈與靈

有比愛更重要的，
是我們作為一個人，
高亮亮的人品，
坦蕩蕩的靈魂。

多少婚外情，過把癮就死

愈是缺愛的女人，愈是玩不起婚外情。
殺敵八百自損三千，一夜歡愉少，長恨淚水多。
最後白白成了炮灰。

01

有情感機構做過一項調查：女性出軌，對象大多是熟人。男性出軌，對象大多是陌生人。

我並不是想給女人開脫。什麼生不生熟不熟的，出軌就是出軌，錯誤面前，一視同仁。而在接收了一系列情感案例後，我發現，同是出軌，女人和男人卻有著巨大差別。

出軌的男人，大多很享受。愛是愛，性是性，分得門兒清。

出軌的女人，卻通常很糾結。愛與性交纏，欲罷不能，痛不欲生。

一個讀者，向我講述了她的經歷：

我和老公是校友，戀愛從校園談到畢業，一路從校服穿到婚紗，曾經被很多人羨慕。

如今結婚八年，女兒七歲，老公在一家國營企業任管理層，工作忙，應酬多，節假日也經常見不到人。對此我有很多怨言，但他很滿意他的工作，不想變動。

他是家中的經濟支柱，我也無可奈何。

可是沒有人知道，我一直在忍受無性婚姻。

戀愛期間，我們一切都是正常的。但在結婚前，他就已經出現了性功能障礙的跡象，陽痿、早洩，都出現過。有了女兒之後，我發現他對夫妻生活全無興趣，幾乎沒有任何性欲。

但我是個正常的女人，我是有需求的。

我與他溝通多次，希望他去治療，可能男人都愛面子吧，他每次都推託不願意去。後來我也慢慢絕望了，心裡覺得就這麼湊合著過吧。但我內心深處有非常大的期待，我渴望被愛，渴望身體與心靈的交融。

去年年底，我被朋友拉進了一個微信群，群裡都是各自的一些朋友，有些偶有交集，就建了一個大群聊天。在這個群裡我和他加了微信。

其實我和他幾年前就認識，只知道他是朋友的朋友，素無往來。也許是為了排遣孤獨吧，大家開始在群裡經常聊天。

我漸漸被他的幽默風趣吸引了。他很細心、體貼，對我關心備至。慢慢我們就從群聊改為私聊了。

他的妻子有過一次短暫的精神出軌，吵鬧後兩人復合。他告訴我，他是為了孩子才保全婚姻的。

和他相處，他給了我老公不能給予的陪伴、關心、愛護，還有性。慢慢地我和他墜入愛河，難捨難分，我投入了自己所有的真心和感情。我唯一有所保留的，是沒有告訴他我老公性障礙方面的問題。

今年春天，我意識到我們這樣是不道德的，對婚姻也不負責任。於是我提出，我們各自先離婚再在一起，考慮到他工作和收入一般，我也想再跳槽換一份更好的工作，重新規劃以後的生活。

而我沒想到，他聽後退縮了。他說，他能預見他家會因此天翻地覆，而且他不能失去孩子。

我說如果你不離婚，那我們只能分手，我不能這樣下去。他很痛苦，但我還是狠著心和他分手了。他最後說對不起，能不能給他兩年時間考慮，我沒有回答也沒有否認。分手後他微信每天會給我留言，但僅限於問候。

可是，我的痛苦遠超過了自己的想像。我吃不好也睡不好，半夜醒來好幾次偷偷哭，我沒想到自己陷得這麼深。

前天我實在忍不住給他發了微信，提出想復合。

他回覆說，上次我提分手說的每句話他都記著，不願再打擾我，難道能要求我接受他不離婚還在一起嗎？我哭著說我也願意。

沒想到第二天，他突然發來信息說，還是算了，這兩個月回歸簡單生活，他覺得輕鬆自在，而且父母老了，孩子也大了，沒有本錢從頭來過。所以他的答案是不用等兩年了，現在就回歸家庭。

我整個人崩潰了，但還是默默刪掉了他所有聯繫方式。我打算要重新振作起來，好好工作，讓自己自強自立。但是，每到夜深人靜時，想起他，我的眼淚就忍不住流下來，心裡覺得好苦，沒想到他這麼無情。

桃姊，我心裡其實仍有離婚的念頭，看了你的文章，又覺得孩子可憐，我知道不能衝動，可我該怎麼辦？

02

一聲嘆息，又隱隱心疼。

一千多字，總結下來，終究逃不過一個「男人走了腎，女人走了心」的狗血模式。

無性婚姻，是女人無法言說的痛。如同一株茂盛的植物，得不到灌溉滋養，只能日漸枯靡萎謝。

對一個正常的女人，性需求就像每天要吃飯睡覺一樣，是生理的需要。

無性，不同於「不和諧」，尚可以有一定的技巧去磨合和提升。

無性是一個「零」，一個空空如也的黑洞，是無法用情商、金錢、溝通和經營去彌補的。

而你的老公，又是那一類不願正視問題的男人，只知道把精力全部轉向事業。

明知妻子有需求，卻堅持少回家。明知應該看醫生，但還是不搭腔。

他用逃避，掩蓋男人內心的脆弱和挫敗。

而女人是活生生的，她的身體和靈魂，夜夜寂寞如深海。

03

情感最脆弱的時候，往往也是最危險的時候。

一個出來打野食的男人，遇上一個缺性又缺愛的女人，不用想，都知道劇情會怎樣。

出軌慣犯男常常混跡於各種群，他們目標很明確：廣撒網，看看附近有沒有什麼女人可睡的。

一個缺愛太久的女人，周身都散發著一種飢渴的磁場。男人都不用見面，撩上幾句就知道

——這個，太容易得手了。

長恨浮生歡愉少，肯愛千金輕一笑。你真以為幽默風趣是他風雅的表現？

呵，網上現成的內容一搜一大片，對什麼段位的女人，用什麼尺度的段子，對號入座，輕車熟路。

自古套路得人心，撩妹大全裡比比皆是。

他的溫存體貼、呵護備至、默契懂得、情深似海，只不過是上床前的基本鋪墊。你以為這是愛，其實只不過是他慣用的基本流程罷了。

至於他的婚姻苦水，所謂的老婆不忠，所謂的為了孩子，孰真孰假鬼知道。但基於流程，還是要先對你倒一倒。

男人獵豔時，從來只走腎。因為他們並不是想要更好，只是想要更多。

女人出軌時，大多都走心。因為總是渴望真愛，被妥貼安放，被深情以待。即使起初只為性，後來也通常變為愛性交纏，難分難捨。

你想找的，是一個身心性合一的愛人。他想找的，是一個沒麻煩不糾纏的工具。

當你破壞了規則，提出各自離婚，然後正式結合，他嚇得趕緊退縮。

他提出的兩年時間，貌似依依不捨，痛不欲生，實際上，是在給你一個轉圜，倘若你睡一覺清醒了，自動回歸炮友軌跡，他還願意與你友好相約，將啪啪進行到底。

但你入戲太深，無法自拔，痛哭流涕甘願委身，他屈指一算，太可怕。

你陷得太深非要以身相許怎麼辦？你用情太專以後甩不掉怎麼辦？你哪天一時失控找他老婆怎麼辦？萬一有個閃失被你老公發現怎麼辦？

他衡量一晚，正式宣告：父母年老（你太黏人），孩子太小（風險太高），沒本錢（沒膽量）從頭來了（繼續睡了）。

直到你刪除了他的聯繫方式，從他的世界裡徹底消失，他終於長長地吁了一口氣。

而你仍沉浸在這場假戲真做的餘溫裡，悲傷得久久不能自已。

傻女孩啊，一夜露水情緣，要什麼天長地久呢？

04

多少婚外情，過把癮就死。

愈是缺愛的女人，愈是玩不起婚外情。

殺敵八百自損三千，一夜歡愉少，長恨淚水多。最後白白成了炮灰。

現代社會，女人不必在無性婚姻裡守著貞節牌坊過一生，以證自己清白與高潔。

無性，是婚姻裡非常嚴肅而重大的問題，需要與愛人正式溝通，不能一生都活在忍耐與壓抑中。

正視自己的需求，這沒什麼可恥的，如果依然無法解決，就要權衡代價與成本，有捨有得，去追求自己想要的幸福。

而身陷婚外情，過把癮之後背負著無盡的委屈與痛楚，對女人，永遠是一樁最不值得，也最不划算的買賣。

我理解無愛的人身心寂寞，但不能支持這樣的方式飲鴆止渴。

欲是性與性，愛是靈與靈

在情欲這件事上，我們都無法迴避動物性的本能。
脫下外衣，卸下防禦，赤裸相見的不只是肉身，還有靈魂。

01

Cathy把我叫出來坐了個把小時，一臉幽怨，欲言又止，「上個月，我倆去開房了。」

「哈，很好啊，戀愛談了半年，這不是很正常嗎？」

「一點都不好！」

我很八卦地湊上臉去，「怎麼了？安全措施沒做到？」

她把我的腦袋推回去，悻悻地說：「不是。我覺得他事後明顯對我冷淡了，愛答不理的，之前的殷勤都是假裝的，就是為了開房！」

「然後呢？」

「我覺得他就是個渣男，得手之後就原形畢露。後悔死了，竟然被這種人睡了……」

我問：「你是不是想分手，又不甘心白白讓他占了便宜？」

她又氣又惱地點點頭。

這事說來不複雜。兩個人相處了半年，時間不算長，若男人善於偽裝，鞍前馬後，糖衣炮彈，解開女孩的衣衫並不難。對於情場經驗並不豐富的Cathy，情到深處，春心萌動，順水推舟滾了床單，也不是什麼顏面掃地的事情。

若事後，發現這男人只為滿足肉欲，並非真情實意，那就到此為止，作別渣男，各歸各路。

要命的是，女人總感覺被對方賺了便宜，憤憤不平氣不甘。

02

中國女人的弱者思維是怎麼來的？很大一部分，是從性觀念上來的。我們從小接受了最封建的教化，對性觀念的羞澀、保守，甚至迂腐，都讓女人在以後的性行為中，本能地認為自己「吃了虧」。這種腐朽思想下，女人在兩性關係中沒有主動權，沒有享受權，只有犧牲和貢獻身體的義務。

男人外遇出軌，就是天性使然。女人紅杏出牆，就是不守婦道。

男人放浪形骸，就是風流倜儻。女人享受欲望，就是淫娃蕩婦。

客觀來說，滾床單這件事明明是一場互動。成年男女，你情我願，共赴魚水之歡，只要你不拿弱者姿態束縛自己，就不存在誰吃虧誰占便宜。很多女人的人生悲劇，都是從釐不清這點開始的。

有人因為第一次給了某個男人，就從此「生是他的人死是他的鬼」，即使明知對方是個渣男也得嫁。有人因為和誰發生了關係，就覺得自己被對方欺負了，非得讓對方付出點代價，給自己心理找點彌補。有人因為和誰上過床，就始終糾結於自己身體的奉獻與犧牲，必須讓對方負責到底。

一個女人真正的成熟，就是能客觀、理性地正視情欲。上過床並不代表就要對哪個男人託付終身，她能對自己的行為負責。只要做好必要的防護，性愛的歡愉是平等的。

你睡我，我也同樣睡了你。你爽了，我也一樣滿足了。

03

我不是鼓勵女人都勇敢去睡，更不是鼓動一夜情或者濫交。

太多的女孩色厲內荏，面對男性的要求半推半就稀裡糊塗，睡完之後又糾結，又後悔，又覺得自己吃了虧。這才不是勇敢，而是犯傻。

一個女人真正的勇敢和強大，是接納自己的需求，正視自己的欲望。承擔不了後果的，就不去做。決定去做的，就能自我負責。

曾有女孩私信問我，「男朋友一直想要，我該給嗎？」

你要先問問自己，你想嗎？

如果你的意識裡，認為這是一種交換，認為你付出身體之後他就該感恩戴德，倍加珍惜，言聽計從，無限寵溺，那你恐怕只能失望和後悔。你看男人何時考慮過這些？他們從來都是進攻型選手，喜歡就去追，追到就推倒，推倒就進攻，不在乎死皮賴臉，不吝惜甜言蜜語。

在情欲這件事上，我們都無法迴避動物性的本能。脫下外衣，卸下防禦，赤裸相見的不只是肉身，還有靈魂。兩個相愛的人之間走到這一步，應該是水到渠成的一件事，而不是一個人對另一個的討好和屈從。

欲是性與性，愛是靈與靈。

04

女人每個階段，對愛情、對人性，理解各有不同。

但最終，我們都只能自己負擔起自己的欲望和人生。

如Cathy男友這類男人，處心積慮只為上床，把睡到對方作為成就，發洩完欲望之後，便興趣索然棄之如敝屣，只能說明他在這段感情裡，愛的比重太少，欲的成分更多。

而女人，卻太容易因肉體關係而產生情感依賴和心理寄託，太缺少男人那種退步抽身的能力。

狗屎踩了，渣男睡了，難道非要日夜痛哭愧悔終生嗎？未來路上擦亮眼就是了。

既然發現不是真愛，就圖他個真爽吧。別自我糾結，別淒淒切切。

他能下床走人多冷漠，你就能翻臉無情多決絕。

遇上渣男怎麼辦？

女人真正的自立，不是再也不相信男人和感情，而是理性地對待男人和感情。

她今年三十八歲，已離婚近十年。

上一段婚姻是她二十五歲時不成熟的選擇。維持了短短幾年便結束了。離異單身的十年裡，酸甜苦辣嘗遍。她努力工作，拚命賺錢，撫養孩子，照顧農村的父母和清貧弟妹。

期間曾有過兩段感情，對方希望結婚，但要求她把孩子送回前夫那裡。她不忍，因為前夫是個毫無責任心，為了自己的自由可以把孩子扔在網吧十個小時的男人。最終對方卻步，無疾而終。

內心渴望愛情，卻不敢輕易再婚。

兩年前，她認識了一個離異男人。當時她用多年積蓄買了一套小房子，一個人在北風呼嘯的冬天忙裝修，他得知後，鞍前馬後地幫忙，無微不至地關心，融化了她多年冰封的心。

他真誠、體貼、暖心，他說他也經歷過失敗的婚姻，會更加珍惜對的人。

她看到自己心裡，那個讀瓊瑤、愛詩詞的文藝少女甦醒過來，她重新相信了愛，全情投入，卸下盔甲，交付真心。

然而幾個月後，男人突然說：他其實尚未離婚。但感情已死，只剩煎熬，他會盡快處理好手續，給她一個交代。

她震驚，痛苦。當泥足深陷成為苦戀，她開始較真，吃醋，糾纏。

男人連連道歉，連寵帶哄，信誓旦旦。

她憤恨被騙，卻又捨不下這份溫情繾綣。男人卻開始躲躲閃閃，含糊其詞。一會兒是「放心吧，我一定會盡快離婚和你在一起」，一會兒是「我不忍心傷害你，我們分手吧」。

反覆折磨中，她失控，在一次酒後給男人的妻子打了電話。

沒想到，對方全然不是男人所描述的不可理喻，而是大氣、理智、綿裡藏針、不動聲色地回擊了她。

她在留言裡寫道：「十年前，因為小三插足導致我的婚姻解散，十年後，我卻成了插足別人婚姻的人。我不想傷害別人，之前的兩段感情，在對方因孩子問題提出分手後，我從未哭鬧，從未糾纏，最後客氣禮貌地結束。可這次我陷進去了，一想到要失去他就要發瘋，他抱怨我變了，說我破壞了他原定的計劃，增加了他離婚的難度，讓他痛苦，讓他難堪。我也很後悔自己衝動地給他太太打了那個電話，可我不知道還能不能等下去，還該不該相信他。」

我用了兩個晚上，才看完了她的幾十條留言。字字血聲聲淚，隔著手機螢幕都能感受到她的痛苦糾結。

可我還是要做一件更殘忍的事——以文字為針，挑破這癰疽疔瘡。

你的這個真愛，其實是個典型的「雞賊男」，吝嗇、算盤打得精，還帶點猥瑣。

你一定不願相信這一點，因為他看上去那麼踏實、體貼、真誠、實心實意。但狡猾的雞賊男腦門上從來不會刻著「算計」二字，老婆餅裡還沒有老婆呢。

他對你的點滴關愛，噓寒問暖，是他設計好的手段，他很清楚，要俘獲一個女人，既然不想出錢，就總得出點力吧，否則，就憑他只出幾句甜言蜜語？

其實從一開始就是赤裸裸的感情欺騙，隱瞞婚姻狀況，裝單身，接近、試探、討好，配合著體力活、苦肉計、獻殷勤的組合拳，直至將你打動，令你深陷。

在感情上吃定了你之後，他再和盤托出——各種苦衷，未能離婚。

是他壓根兒就沒打算離婚。

油膩男人，中年寂寞，四處曖昧而不得。

那些情竇初開的女生，他不想惹。得手容易脫手難，怕玩膩了不好甩掉。

那些精明勢利的熟女，他不敢惹。個個智商情商在線，他那腦子玩不轉。

那些飢渴的已婚女人，他不能惹。不知對方老公什麼來頭，怕哪天被套上麻袋打骨折。

歸根究柢，他只想找個安全的婚外情對象，風險小，麻煩少，不必負責。

而你，無疑是他最好的獵物。

空窗多年，孤單隱忍。經歷了婚姻坎坷，內心仍嚮往純真浪漫，對愛情抱有幻想。你懂事，體貼，容易被打動，容易在感情上陷入弱勢地位。你有收入，又體面，不鬧事，不糾纏，不為他的錢，只愛他的人，而他最需要的，就是你這種活好不黏人的小傻瓜。

每天海誓山盟表白一番，情話說得他自己都快信了，不花一分錢成本，就能坐享一段不必負責任的外遇，這是充電五分鐘通話二十四小時的買賣呢。

這筆帳，他早算清了。不信，你讓他給你買車買房試試看，恐怕你說要刷他一次信用卡，他都提上褲子迅速滾蛋了。

如果沒有你的一時衝動，或許他還願意繼續演下去。但你要他離婚，還給他妻子打了電話，觸碰了他的利益。

他發現，原來你也黏人了，也吵鬧了，也有要求了，不是無怨無悔一心付出了，不安全不省心了，他馬上就盤算著退步抽身。

他惱怒，是因為你影響他了。他要把鍋甩到你頭上——如果你不鬧，我們還可以好好地在一起，而現在，你變了，你太可怕了，是你破壞了這美好的一切。

而那頭回到家裡，他十有八九會對老婆說：那個離婚女人空虛寂寞冷，是她勾引我。

兩邊的責任，他拍拍屁股推得一乾二淨。

看清了吧，這就是雞賊男人慣用的手法。

你天性純良，既做不到像歡場女子那樣薄情，一夜露水後各走各路，也做不到勢利女人那樣盤斤撥兩，計算得失，奪取利益。

你的道德，讓你無法像怨女那樣一再啞忍繼續苟且。

你的修養，又讓你不能像潑婦那樣大鬧一場讓他身敗名裂。

這是你痛苦的根源。

男人一夜，女人一生。自古痴心女子負心漢。

你該慶幸，在一個男人身上只消耗了兩年。你要學會利用這段經歷，看清雞賊男人的本質，看清自己感情上的弱勢，不再輕易被渣男騙。

感情中的得失無法計算。就看你怎麼想。現在他主動撤退，你權當鳴金收兵，清理不良資產。

女人真正的自立，不是再也不相信男人和感情，而是理性地對待男人和感情。

寧可單身也不肯湊合結婚的女人，
她們努力那麼久，不是為了嫁去誰家當保母。
她們工作那麼拚，不是為了成為傳宗接代的工具。
因為無論愛情還是婚姻，它滿足的不再是生活需求，
更多的是精神上的理想和富有。
是一起同頻共振，是一同瞭望遠方。

女人都自立為王了，有人卻還想娶田螺姑娘

無論愛情還是婚姻，它滿足的不再是生活需求，更多的是精神上的理想和富有。

01

近期接連收到了幾個女孩的吐槽。

先是女友小C。

兩個月前，一個朋友熱心撮合，給她介紹了一個職場菁英IT男。小C心態不錯，並不排斥相親，便與IT男嘗試著相處了一段時間。

IT男很是好為人師。一喝紅酒，就大談產地年分，從波爾多談到勃艮第，一臉「只有菁英

才配喝」的優越感。

聊天時，經常故作無意地提起「我在美國的時候」，後來小C才知道，只不過曾被公司外派過去培訓了半個月而已。

第三次約會餐畢，IT男將車後座上的一件薄外套交給小C，說請她幫忙洗一洗。小C說沒問題，我幫你送到乾洗店。

IT男面露質疑，「拿回家手洗一下就是了，怎麼還用送乾洗店？你不會……從來不洗衣服吧？」

小C說：「我的外衣都是送乾洗店，快捷方便，幹麼非要費時費力手洗呢？」

IT男當即不悅，「我原本以為你挺賢慧的，沒想到你連洗個衣服都不肯，這樣怎麼結婚？」

兩人默契地一拍兩散。

後來，IT男對當初撮合他們的朋友說，他並不是非要小C給他洗衣服，只是想考驗一下，她是否具備做妻子的「傳統美德」。

第二個是閨密S。

大齡單身普通人，既不出眾，也不矯情，經常自嘲她那根紅線大概是被月老賣掉了。

既然成不了家，就先買房。三年前房地產市場低迷，她湊了一筆錢首付，貸款買了個二十坪的小破二手房。

搬家後，鄰居大媽超級熱心，非要將自家侄子介紹給她——四十歲無婚史的酒店保全，無房無車月薪不高。

S這頭還在找各種理由婉拒時，對方竟然不滿意。原因恰恰是這套房子。男方說：「一個外地女人，沒結婚就自己貸款買房子，這錢，恐怕來路不正吧？」

S瞬間想罵人，「一個四十歲的老光棍竟然有資格嫌棄一個三十四歲有房子的女人！」

第三個女孩是我的讀者，她在我的文章下方留言：「前幾天一個前同事讓我給他介紹對象，還說：『我覺得自己不嫖娼不賭博，如果不找個身材好的女朋友真是虧大了。』我忍不住說：『醒醒吧，嫖娼賭博都是違法的，什麼時候男人對自己的標準這麼低了！』」

02

不得不承認，身邊諸多實例一次次刷新著我的認知。

我真不知道，這世上有多少男人具備這種不明來由的謎之自信——

「我職場菁英，月薪過萬，你們這些女人一定都很想嫁吧？」

「我雖然無房無車，但我是男的，有市場啊，不像你們女的，三十一過成了豆腐渣。」

「這世道這麼亂，我都不嫖娼不吸毒不賭博不出軌，你還想要求什麼？」

只能呵呵了。

的確，當人類從採集游獵文明進入到了農耕文明後，男人的體力優勢凸顯出來，由於男性能夠創造更多價值、掌握更多的生產資料，人類歷史也慢慢從母系氏族進入到父系氏族，男人也就成為社會的絕對主宰。

而當時代發展進步至今天，靠著性別和力量掘取優勢的年代已然過去，男人和女人之間需要的，是更理性友好的分工合作，是相扶相持的共同成長。

馬薇薇曾在她主持的節目《黑白星球》中說：中國男人配不上中國女人。她從四個角度列舉了觀點，包括：中國男人沒學會尊重女性；中國男人的婚姻觀跟不上中國女性覺醒；中國男人的魅力不夠；中國男人的性觀念配不上中國女人。

當然，這話太狠也太絕對。配不配得上，說到底是一場你情我願的事。

我並不想蓄意對立男人和女人，只想正視一個現實：愈來愈多的女性已經在自立之路上飛速馳騁，卻仍有大批男人還在大清遺夢裡不肯覺醒。

他們理想中的妻子形象，應該是民間傳說中的田螺姑娘：她貌美心善，含辛茹苦，家務全包；她體貼勤勞，一心付出，不求回報；她洗衣做飯，生兒育女，侍奉打掃；她最好是招之即來揮之即去，必要時，還能識趣地滾回水缸。

只可惜，這個時代的女人，只想自立為王，沒人肯做田螺姑娘。

我特別能理解那些寧可單身也不肯湊合結婚的女人。

她們努力那麼久，不是為了嫁去誰家當保母。
她們工作那麼拚，不是為了成為傳宗接代的工具。
因為無論愛情還是婚姻，它滿足的不再是生活需求，更多的是精神上的理想和富有。
是一起同頻共振，是一同瞭望遠方。

03

電視劇《我的前半生》熱播時，許多人批判這部劇有毒，先是輕視全職太太，後是坑害無知少女，搞得女人只想著從天而降一個無所不能的男主角「賀涵」。

我想說，你多慮了。

女人鄙視全職太太？一個真正的全職太太，比一家公司的ＣＥＯ一點不差。

女人都哭著喊著嫁賀涵？先睜開眼看看，多少女人只想自己活成賀涵。

這世上最糟心的，不是糾結選擇坐在ＢＭＷ裡哭還是自行車上笑，是有些男人啥都沒有，還挑剔你「要啥自行車」！

很遺憾，他們恐怕只能繼續活在大清遺夢裡了。

結婚時有愛，離婚時有錢

痛苦在所難免，以淚洗面、肝腸寸斷之後，
終究還是要抬起頭向前走。

01

看到一位叫小K的讀者留言。

她是一位尚在月子裡的新手媽媽。這個時期的女人，原本應該是滿心洋溢初為人母的喜悅，被全家關心呵護。而她卻陷在精神的煉獄。

在孩子出生的第十六天，她發現老公出軌了。手機裡的信息直接、大膽、露骨，字字句句如一把利刃將她的心徹底凌遲。這並不是剛發生的事情，他們在她懷孕五個月時就已經在一起了。

她渾身顫抖著看完那些信息，天塌地陷，五內俱焚。

襁褓裡的孩子還那麼小，黃疸剛剛褪去，珊瑚色的四肢才開始蛻皮，露出粉嫩嫩的新生肌。而她，卻因為悲痛難抑，奶水驟減。

婆婆見她日夜哭泣，只以為是產後憂鬱。因為遠嫁，自己的母親不能來照顧，月子全靠婆婆。

在出月子的前一晚，她再也撐不下去，向老公直面發問。男人無可逃遁地承認了，承認那是他一直放不下的前女友。而他與小K結婚，從一開始便勉為其難。婚後，當前女友來找他復合的時候，他毫無抵禦之力。

他說：「我也想對你和孩子負責，但我愛的是她，沒辦法。」

沒提離婚，也不打算改過，言下之意很清楚，已經這樣了，你看著辦吧。

她猶如案砧上的魚，大口急促地呼吸，卻沒有足以續命的氧氣。

她哭著問我怎麼辦。不離婚，婚姻形同虛設，男人三天兩頭徹夜不歸。而離婚，孩子那麼小，她舉目無親，未來的生活怎麼辦？

我嘆口氣，給她發過去十個字：既然不愛了，那就利用吧。

別急著說我狠，現實比我狠多了。

02

懷孕生產，是一個女人身體上最虛弱、精神上最脆弱的時期，需要照顧呵護，而一個男人，公然在妻子孕期和月子裡出軌，已將夫妻情分和道德良心碾得一點不剩了。

如果一定要讓我說一條婚姻最重要的原則，那就是——結婚時要有愛，離婚時要有錢。

他當年跟你結婚，姑且就是權宜之計。忘不掉前女友，人家又不回頭，只好用新人代替舊人。結婚時沒有愛，這是日後一切問題的隱患。你在自以為的愛裡嫁了，懷孕生子，憧憬著一家三口的幸福生活，而那廂，前女友回來小手一勾，他就全然顧不得老婆孩子，乖乖地跟著去了。

你的孕吐煎熬、分娩痛苦、哺乳艱辛，都比不上他心中「真愛」的溫柔鄉。

到了現在這個關口，再跟他談感情、責任、道義，都是自取其辱。

正視現實、爭取利益，才是正事。

我不喜歡那些一聽男人出軌就「渣男去死」、「離婚讓他滾」的言論。這種話，充其量只是看客過過嘴癮，後面的日子你又不用替人家過。

離婚比結婚更需要本錢。你眼下的情況，顯然不是離婚的時機。

你現在一時氣憤離了婚，能得到什麼？拖著虛弱的身體，婆婆很可能也不再幫你帶孩子，更不會再伺候你。男人恢復了自由身，更方便跟情人逍遙快活。

而你呢？一個遠嫁的女人，娘家相去千里，身後空無一人，做一份收入平平的普通工作，養一個嗷嗷待哺的孩子，艱難困苦，不亞於西天取經九九八十一難。

03

真正的強大，不爭一時意氣。

不要認為自己一敗塗地，這個階段，你尚有主動權。

哺乳期內，男人無權提離婚，提了法律也不支持。企業還不能辭退三期（孕期、產期和哺乳期）內的員工呢，更何況婚姻。只要你不主動要求離，他就離不了。

你現在需要做的，首先是養好身體，保住革命的本錢。多進補，少損耗，走到這一步，日後還有的是荊棘等著你去斬，提不動針拈不得線怎麼辦？林黛玉內心再強大，拖著個病懨懨的身子也白瞎。

他不回家就不回家，既然管不了，就任他去廝混。

讓自己吃好睡好，花他的錢，住他的房。

婆婆能多幫你帶一天孩子，你就能多一天喘息的機會，把騰出的時間和精力用在自己身上。學一門技能，多尋幾個工作機會，想辦法提高收入。連馬雲都說「多學一樣本事，就少說一句求人的話」，當下的臥薪嘗膽，是為了日後不必忍辱含垢。

找一個專業律師，蒐集他出軌的證據，諮詢好關於財產分割、孩子撫養權的關鍵問題。

等到萬事俱備，你的精神和經濟都強大到可以獨立的時候，再談離婚。

女人最大的弱點，是容易陷在情、理、法的混亂中，該講理的時候動情，講法的時候講情。你要清楚，真要打起離婚官司，法院只看證據，你付出的青春、承受的痛苦、交付的真心，都毫無用處。

愛早沒了，或者從一開始就沒有過。最後可以分割的只有錢。

這就是我為什麼說「結婚時有愛，離婚時有錢」。

這個「有錢」，一方面是指你自己要有經濟獨立的能力，一方面是指你要爭取你該得的利益。

不要殘存希望他還對你有感情。

一個男人敢如此明目張膽地對你，說明他早已權衡過利弊——如果你馬上提離婚，他巴不得拍手稱快，你收拾鋪蓋卷抱上孩子滾出去，正好給他的新歡騰位置。你若不肯離，他已是和盤托出，死豬不怕開水燙，吃定了你束手無策。

婚姻裡遭受重創的女人，很多都是結婚時沒擦亮眼，選錯了人。輕信他人、太過心軟、優柔寡斷，多少女人都曾無知莽撞，走過彎路上過賊船。你要搞清楚自己錯在哪，才不至於再一次翻船。

既然結婚時懵懵懂懂，離婚就不應該再稀裡糊塗。

你要學著決絕一點，收起婦人之仁，不要指望一夜夫妻百日恩，不要指望所有人都能好聚好散，你要像一個精明的生意人，利用他所有能利用的方面，榨乾所有可用的剩餘價值。

心要硬，手要狠，這才是你應對殘酷變數的利刃。

別指望最後關頭男人良心發現淨身出戶把財產全留給你，瑪麗蘇（戲劇裡創造的完美角色）都沒這種劇情了。一切都要自己爭，爭取利益最大化，得到自己該得的。

痛苦在所難免，以淚洗面、肝腸寸斷之後，終究還是要抬起頭向前走。

自私這件事，與「直男」無關

別替自私的人開脫，別為冷血的人辯駁，
也別讓「直男」替他們背黑鍋。

01

某天中午接到小白打來的電話，「親愛的，幫我訂份ＫＦＣ套餐送到家裡，手機馬上沒電了。」
我問她：「你幹麼呢？」
「我在醫院吊點滴，急性腸胃炎。」
「那還吃ＫＦＣ？」
「不是，我老公在家打遊戲，我不回家他沒得吃。」
「你在醫院吊點滴，他不陪你，你還得給他訂飯？」

「沒辦法，直男啊，腦子簡單……」

話沒說完就斷線了，估計手機徹底沒電了。

如果再多給我一秒鐘，我只想罵一句：「別再黑直男了行嗎？這跟直男有什麼關係？」

「直男」這個詞是從什麼時候興起的？我特意去百度了一下。

直男，指在任何情況環境下都只對女性產生愛情和性欲的男性，也就是異性戀男性。

直男是如今對於異性戀男性的一個特殊稱呼，因為在英國常用Bent（彎曲的）作為同性戀的代稱，而用Straight（筆直的）表示異性戀，直男的說法由此而來。

說白了，直男就是典型男人。

百分之九十九的直男，都極不擅長發散式思維，終其一生也難搞懂女人心。

他們習慣說話直接，看問題一根筋，尤其在感情方面，特別不會get到女人心裡的那個點。

02

諸多事例，讓女人們日漸習慣日漸麻木，跟直男們說什麼，似乎總是對牛彈琴，雞同鴨講。

但可悲的是，有的女人開始走入誤區，認為直男就是——天生不體貼、不細心。不會關心人，腦子缺根筋。總是想不到，永遠做不好。

就像小白這種傻女人，自己腸胃炎拉得脫水，老公跟沒事人似的在家打遊戲，她竟然大度寬容地理解為直男頭腦簡單，考慮問題不周全。

這是想把我們這些用機智雙眼看穿一切的姊姊活活氣死嗎？

曾經還有一次，另一個女友要去婦產醫院做流產手術，而她老公呢？打車把她送到醫院門口，揮揮手說了句「小心點」，然後揚塵而去，直奔機場，飛到廣州看球了。

女友也是同樣的論調，直男沒辦法，球賽大過天。

這跟直男有什麼關係？

直男可能情商低，可能不浪漫，可能直腸子，可能會眼慢、嘴笨、手拙，但絕不是這種自私、無情、冷血。

作家廖一梅曾說：「大家頂著愛這個詞，幹盡了人間醜事。」

多少人打著直男的幌子，不過是掩飾自己的自私。

讓老婆獨自去吊點滴，不去照顧，這叫想不到？讓老婆一個人去流產，不肯陪伴，這叫情商低？

這不是直，這明明是渣。

03

我也嫁了一個直男。驢唇不對馬嘴的對話在我家天天上演。

我也曾有多少次，被這個一根筋的傢伙快要氣成內出血。

但他再怎麼直男，再怎麼情商低、嘴巴笨、理解力差，也知道給我最起碼的關心和愛護。

他應酬到半夜喝多回來，怕打呼影響我，會自覺去睡客房，但睡前一定會到臥室看看我。

我一個人坐晚班機出差，他一定要確認我平安到達才睡覺。

我想要的，我期望的，他即使做不到，至少也肯嘗試著去改進。

閨密F的老公也是直男，我們姊妹聚會講笑話，他完全聽不懂也反應不過來，只會坐在旁邊嘿嘿地傻樂呵。

前段時間F懷了老二，十一週的時候發現沒有胎心音只好流掉，她老公一個人高馬大的大男人心疼得直掉淚，恨不能替她去刮宮。

為了照顧老婆，他煲湯做飯，還趴在床前笨嘴拙舌一遍遍地對F說：「不是你的問題，肯定是我的精子質量不好，連累你受苦了。」

同為直男，但差距就是這麼大。

能不能分清葫蘆海綿不要緊，認不認識YSL不重要；就算他聽不懂笑話，但他聽得懂人話；就算他不怎麼開竅，但他知道長心；就算他永遠一根筋，但他懂得心疼人。

04

網上有個關於直男的回答——

假設你買了一件自己很喜歡的新衣服。

EQ低的男友會說：你穿這件衣服挺難看的。

不浪漫的男友會說：餓了嗎，我給你煮碗麵吃吧。

典型直男會說：嗯！好看！（動作：頭都不抬。）

直男癌會說：你買漂亮衣服做什麼？還不是為了勾引男人？

直男與渣男，一字之差，天壤之別。

直男是，他願意去做但不懂怎麼哄你。

渣男是，他什麼都不做但你還得哄他。

拜託，別再把「直男」這個詞當破筐，什麼自私自利的行為都能往裡裝。

好像只要跟直男沾個邊兒，所有薄情寡義就都可以被原諒。

自私就是自私，冷漠就是冷漠。

人心都是肉長的，對一個人好還是壞，傻子都分得出來。

別替自私的人開脫，別為冷血的人辯駁，也別讓「直男」替他們背黑鍋。

人都習慣給自己找理由開脫。

那些聲稱自己天生粗心、不會照顧人的自私男，怎麼從沒見他們虧待過自己呢？

那個男人那麼好，是因為另一個女人的打造

比有愛更重要的，是我們作為一個人，亮堂堂的人品，坦蕩蕩的靈魂。

深夜，一位讀者加了我的微信。

她上來就說：「請你罵醒我。」

她是外企主管，愛上了一個有婦之夫。那原本是她的業務合作方高層，兩人在一次公差途中漸生情愫。

他成熟睿智，豁達慷慨，給予她事業上不遺餘力地支持，生活上盡其所能地關照，資源上傾

盡全部地共享。從業務合作，到吃飯聊天，直至愛得電光石火，頻頻找機會一起出差。

她見過他的妻子，一位普通的機關公務員，接送孩子，照顧家庭，和所有普通妻子並無二致。她對這個無辜女人有過內疚、愧悔，可一切都抵不過排山倒海呼嘯而來的愛情。

他們很克制，盡量減少在同城約會，身邊人都不知道這個祕密。唯有藉工作雙雙飛往外地，春宵苦短，抵死纏綿。

她說：「我知道我可能就是你們情感作家眼裡最看不起的那種女人。可我也有愛情。我從來不想破壞他的家庭，也不想傷害他的妻子，我不會要求他離婚。可我們是真的相愛，我甚至想過，我不要未來了，就這樣愛著他吧，就算以後後悔我也認了……」

女人大段大段坦誠的文字，卻讓我感覺一股悲涼之氣堵在胸口，如鯁在喉。一個優雅行走的高階麗人，一個光鮮體面的都市白領，卻為了一份「真愛」，成了一個小三。

以前我們主觀地認為，小三要麼是毫無廉恥只求包養的拜金女郎，要麼是胸大無腦魅惑眾生的妖豔賤貨。但後來林林總總的真實案例證明，擁有高學歷高收入卻成為小三的女人並不在少數。

她們不是拜金的女人，也不是被豢養的情婦。

她們擁有體面的工作，不菲的收入，高品質的生活，可愈是如此，她們更加看不上同齡的男性——幼稚、膚淺、不成熟、不用腦子，毫無男性魅力。反倒是那些經過歲月洗禮的成熟穩健、有見識、有氣度的男人，愈容易成為吸引她們的罌粟。而這種男人，往往都已婚。

前幾年，一部電視劇《蝸居》讓大半個中國的女人都被男主角「宋思明」圈了粉。

還有大量年輕女孩羨慕第三者「海藻」，遇上這樣的男人，做小三也值了。真的值了嗎？看看宋思明回家後是怎麼對待宋太太的就知道了。

我們這種經歷過婚姻的女人，對這種完美人設最多也就意淫那麼一小會兒，然後關起門來，日子該怎麼過還得怎麼過。因為我們都知道婚姻是怎麼回事了，都知道那些女文青眼裡魅力無限的已婚男人是怎麼來的。

我來告訴你吧——

每一個已婚男人的魅力，都離不開他背後功不可沒的妻子。他所有的成熟，都是他妻子用眼淚和爭吵調教出來的。他所有的穩重，都是他老婆用長期磨合反覆實踐積累來的。

同樣，他所有跟你花前月下的閒工夫，也都是他太太溫良恭儉持家有方給他騰出來的。他在你眼中的風度翩翩，其實恰是他家中那個人生伴侶的實力體現。

他那麼好，是因為他經過了另一個女人打造。你只見到他品味出眾、談吐瀟灑、見識廣博、細心體貼的A面，卻不曾見過他四體不勤、五穀不分、不事稼穡、偷閒躲靜的B面。

你面前溫文爾雅、風度翩翩的男神君子，回到家也是個四仰八叉打呼的摳腳大漢。你回去看看你家二叔三舅大姑父，有什麼可迷戀的嗎？一個個世俗男人罷了，要是哪個女孩看上他，你會覺得真是瞎了眼了。

其實你也一樣。**他之所以好，是因為得不到。**

你們愛得山崩地裂，是因為無法在現實裡柴米油鹽。真要居家度日生火做飯你試試？你會發現，男人所有的毛病弱點，他一樣不落都占全。

這世上，從來不缺「羅敷無夫，使君有婦」的案例。缺的是，還君明珠的坦蕩磊落、大義凜然。

人人都覺得自己無辜。小三都覺得自己也是受害者。因為每個人都有一個「大我」和一個「小我」。什麼是「大我」？比如一提歷史上的屠殺事件，我們都會同仇敵愾，這時，我們的「大我」就都出來了。

什麼是「小我」？今晚主管要你加個班，做個著急的計劃方案，你的「小我」就出來了，「憑什麼是我？張三李四王五怎麼不加？」

很多人，評價起別人頭頭是道，「大我」立現：出軌的男人都是渣，勾引別人老公的女人就是賤，婚外情不會有好下場。

而到了自己身上，就變成了雙重標準，「小我」蹦出來狡辯：他和別的男人不一樣，我們是真心相愛的，這份感情和出軌不同。

每個人都認為自己的愛獨一無二。用愛的純粹、深重、與眾不同，來區別於那些違背道德、被人不齒的出軌婚外情。自欺欺人罷了，沒什麼本質不同。

他的出軌，與真愛並無多大關聯，只是欲望使然。貌似是在追求真愛，其實只不過是抵禦婚姻的平淡。你的無悔，並不是勇敢和無畏，只是對自我認知的迷失，和竊取他人果實的隱隱快感。

做小三的女人，不是沒有自責和痛苦。午夜纏綿過後，男人起身穿衣，急急回家，你空守半鋪餘溫，數次長夜痛哭。多少佳時節日，他備好鮮花禮物，轉身去陪妻兒父母共敘天倫，你接過快遞，替自己輕賤不值。還有那些春花秋月良辰美景，你只能微信傳情，永遠痛失牽手走在陽光下的資格和底氣。

你覺得，你已經很委屈很隱忍了。比起那些厚顏無恥發詛咒簡訊的、比起那些珠胎暗結上門逼宮的、比起那些明目張膽勾肩搭背的，你已經人畜無害了。

你以為，你沒有要求他離婚，沒有破壞他的家庭，沒有傷害他的妻子，就可以理直氣壯問心無愧了。事實上，你的存在，本身就是一種傷害。

以前，我很不喜歡那些動輒痛罵小三的已婚女人，覺得她們狹隘、粗俗，不獨立，有本事罵男人去啊，只會罵女人算怎麼回事?!隨著接觸太多身邊人和讀者的案例，我也能理解她們。因為被婚外情破壞的家庭太多了。

多少妻子因此夜不能寐痛苦噬骨，多少孩子痛失完整家庭無助哭泣。男人當然罪不可逃，可悲的是，女人也在明知故犯推波助瀾。

我寫過很多關於女人無愛不歡的文字。

但這不能忽略一個前提——**比有愛更重要的，是我們作為一個人，亮堂堂的人品，坦蕩蕩的靈魂。**

無論你多深愛，小三也是個不齒的存在。

她沉重的過去裡，有不為人知的代價和苦難

我不能決定怎麼生，怎麼死。
但我可以決定怎樣愛，怎樣活。

01

一個朋友經常看我的公眾號，上週見面，她開門見山直言不諱。

「我就納了悶了，這世上怎麼有那麼多傻女人，男人渣成那樣還能忍？要是我，別說賭博吸毒，他要敢出軌，立馬給我光著屁股滾蛋，敢家暴，我找黑社會卸他一條腿！」

她義憤填膺，霸氣外露，對所有隱忍的女人抱有一種別樣的恨鐵不成鋼。

其實不光她，很多人都無法理解，怎麼一個男人渣成那樣，一段婚姻糟成那般，還是有女人

寧肯抱殘守缺，卑微到泥裡抬不起頭來，也不敢反抗不敢忤逆，不敢給自己一個重生的契機，看得人直替她著急。

就像以前看電視劇，主角明明被別人誤會，自己卻緘口不言，導致誤解愈來愈深，引得觀眾紛紛喊：「說呀，你倒是快說呀，把真相說清楚不就行了嗎?!」

我們看別人的經歷，就像看電視劇，我們以為只是一句話的事，一咬牙一跺腳，什麼大不了，活人還讓一泡尿憋死？可是於當事人，卻是千溝萬壑，如臨天塹。

我以前也特別不能理解這種女人，痛罵離不開渣男的閨密沒骨氣：離了這個男人你能死嗎？那時候我不懂得，每一個人走到今天這一步，都不僅僅是「遇人不淑」。這背後有一個更大的、更隱蔽的成因。

02

玫是我的小學同學。當年她的父母在學校附近開小賣店，爸爸酗酒，喝完了就打她媽媽。我們上學路過她家小店，經常看到她爸爸揪著媽媽的頭髮打，有一次直接拿酒瓶砸在她媽媽頭上，血流如注，鄰居齊齊勸架才拉住。

她媽媽是那種傳統的家庭婦女，對丈夫只有認命和忍耐，對孩子只能抱怨和發洩。

她自小就是家中的出氣筒。爸爸打媽媽，媽媽打她。

「這破日子早過夠了，還不都是為了你！」

「你還有臉哭？讓你那個死爹搧你兩巴掌試試！」

「掙這點錢還得供你上學，真是賠死了！」

她的整個成長記憶，都是忍耐、聽話、討好。

她沒有反抗的資格，沒有選擇的權利，後來考了專校離開家，從此在外打工賺錢。

據說，她十九歲就跟那個男人在一起了。他們在同一家工廠打工，對方比他大幾歲，對她很好。她很快搬離工廠宿舍，和他在外租了房子。

她給他洗衣做飯，把工資都交由他保管，掏心掏肺地對他好。但過了不到兩年，她發現男人愈來愈像他爸。同時跟幾個廠妹曖昧，晚上跟狐朋狗友喝酒，喝多了就回來罵她，把她貶得一無是處。說她不是處女，扔出去都沒有男人會要。說她天生命賤，一張晦氣臉。

直到某夜酒後，她和他大吵一架後準備出走，被男人一個巴掌重重打在地上。

她發現，她曾經最痛苦的記憶，又鬼使神差地回來了。

她不敢反抗，無力改變。她知道這個男人很渣，很爛，但依然習慣性服從、依賴、聽話。童年時對待父母的模式，原封不動地復刻到了這個男人身上。

結婚八年，她流產三次，被家暴打到住院兩次，其中一次肋骨骨折，一次右眼球血管破裂。

去年，她爸爸因肝癌去世。在葬禮上，她媽媽一滴眼淚也沒流。只對她說了一句：這些年，這個男人對不起我，但我最對不起的是你。

她在那一個瞬間崩潰，號啕大哭。她終於明白，她這些年在婚姻裡，一直都活成了她媽媽的樣子。忍辱負重、戰戰兢兢、誠惶誠恐。

她的內心，從來沒有得到過愛，也從不相信自己會得到愛，那個男人曾經對她一點點好，她便視為救命稻草，捨身割肉無以為報，只有死死抓住這個男人，只要不被離婚，不被拋棄，那個家哪怕是煉獄她也要待下去。

處理完爸爸的後事之後，她看著已經五歲的女兒，想著自己惶恐煎熬的半生，終於決定，不再讓女兒重蹈覆轍。

聽她的經歷，讓我無比心酸。

我們說一個女人「窩囊、無能、沒出息」都很容易，但卻沒人能看到，這些表現背後一個巨大的黑洞，那是她內心深深的恐懼。

一株沒有根的植物，難以長出粗壯的枝和茂盛的葉，她沒有先天的養分，只能在恐懼裡依附、攀緣、寄生。

只有當她看到這份恐懼，敢直面這份恐懼，她才可以重新活一次。

只有將那些不曾擁有過的自信、自尊和愛，一點點補給自己，從此才擁有創造生活的能力，和主宰命運的勇氣。

03

前幾天收到一個叫「未央」的女孩留言，她二十五歲，做平面企劃。她告訴我，她曾經談過三段戀愛，均以分手告終。原因都是：她媽媽不同意。

第一任男友，媽媽嫌對方工資低，沒出息。第二任男友，媽媽說對方不靠譜，以斷絕關係相逼。第三任男友，長得帥工作好，媽媽又嫌人家個子矮。

我剛開始以為，未央的媽媽和所有溺愛女兒的母親一樣，自小把孩子當公主寵大，交到哪個男人手裡都不放心。

其實事實恰恰相反。

從小到大，未央都活在媽媽的控制裡。小到穿什麼衣服、留多長的頭髮、大到升學擇業、工作安排，她都要求未央無條件服從。

未央有個弟弟。她初中畢業時，爸媽提出要拿錢蓋房子，因為不蓋房子弟弟會娶不到老婆，果斷要求她放棄高中。

她長年忍著父母對她和弟弟的不公平待遇，被訓斥、被打壓、被無視。她邊工作邊進修，努力提高自己的學歷。在有了人生第一筆小積蓄之後，她被父母要求把錢借去給弟弟買車。

其實哪裡是借呢？她心裡很清楚。

整個記憶中，媽媽對她只有不滿、譏諷和數落。

她談過的男友，無一不是因為媽媽的插手而終結，而當對方結婚後，媽媽卻反過來奚落她，「這麼好的男人你留不住！笨死了！」

父母對她說的每一句話，永遠帶著嫌棄和威脅。

「你以後不要和你弟媳婦一起生孩子，到時候我沒空去照顧你。」

「你以後不要靠我幫你帶孩子，你弟還沒結婚，我要賺錢給他結婚，就算他先結婚，我也要帶他家的孩子。」

「家裡面什麼都是你弟的，你要自己找個有房子有錢的，不然我也沒什麼東西給你。」

「這個年代我們村當外婆的人幫忙帶外孫都是給錢的。」

未央說：「每次他們一生氣，就對我說不要回家之類的話。其實我從來沒敢把那裡當家，畢竟他們早就說過什麼都是我弟的，我又有什麼資格敢把那裡當家呢？」

看完她長長的留言，我心裡特別疼。

沒被富養過的孩子，沒被真正愛過的女兒，要在感情路上跌跌撞撞，走多少彎路，吃多少苦，才能得到真正的幸福？因為苦了太久，有人稍給予一點甜，她們就飛蛾撲火，無以為報。

我們總是對那些在男人面前一味妥協忍讓、在感情裡只會犧牲和奉獻的女人咬牙切齒恨鐵不成鋼。

道理當然人人都懂，但你以為她是怎麼做到的？難道有人生來就願意對男人跪舔、天生就喜歡委曲求全的嗎？不，是在遇見那個男人之前，她的父母，已經對她完成了馴化。

這世上，有太多「未央」這樣的女孩，不曾真正被愛過。

沒有被愛過的人，如何知道什麼是愛，如何懂得正確愛人，又如何明白怎樣愛自己呢？

那一點點甜，不管是套路還是伎倆，她們都認定是天堂。

被家暴的她以為會改。被出軌的她以為會好。

你罵她傻，笑她蠢，可那一點幻象，是她的世界殘存的希望。

04

無論是已經決定結束婚姻的玫，還是尚未走入感情的未央，每一個自小缺愛的女人，窮盡一生都在尋找愛。要彌補這份先天的殘缺、要確定自己值得被愛，是一個千辛萬苦的過程。但無論如何，我們只能對自己的人生負責。

對過去全然接納，對現在勇敢說「不」，我們都要明白一個事實——所有原生家庭對你的虧欠，你只能自己補給自己，自己成全自己。

而對那些依然在感情裡卑微、懦弱、全無自我的人，不必恥笑她們不夠強大，也不必一味強灌雞血。

每個人都獨自背負著沉重的過去，那裡面有不為人知的代價和苦難。

逆襲的故事當然好看，但每個人的重生都需要積攢力量和機緣。或許是一場失敗感情的終結，或許是一次生離死別的心傷，或許是一次對過去的宣戰，也或許，只是某一個直擊內心的瞬間。

湯唯在電影《黃金時代》裡有一句台詞：「我不能決定怎麼生，怎麼死。但我可以決定怎樣愛，怎樣活。」

無論什麼時候，都不晚。

每個人一生，都有一個被愛的箱子等待填滿

一個敢於成長的人並不是再無煩難，
而是愈來愈相信自己有能力去應對這些煩難。

01

打開後台諮詢留言，看到一個熟悉的名字小J。

她是一位資深讀者，生在一個重男輕女的家庭，因為是女孩，奶奶遷怒於媽媽，父母也不喜歡她，媽媽經常拿她出氣。她從小都活得小心翼翼，生怕說錯一句話惹父母和奶奶不高興。

她說，她讀了我之前推薦給她的幾本書，但還是自信不起來，不敢交朋友，不敢談戀愛，怕遇人不淑，每天活在患得患失、焦慮重重的狀態裡。

她讓我想起了曾經在微信上給我留言寫了一千多字的讀者檸檬。

小J和檸檬的故事，可能是很多在成長路上困頓掙扎的女性的縮影。

檸檬二十八歲。自小因為患病，被同學排擠、羞辱。家中因為生病花了很多錢，媽媽經常打罵她，甚至讓她去死。

上高中後，班主任汙蔑她早戀，媽媽不問緣由，對她一頓暴打，這一切都在她心裡留下了揮之不去的陰影。她甚至在十六歲的時候有過多次自殺的念頭。

在大學期間，檸檬有了初戀，大三時把第一次給了他。

但後來發現，男生很花心，總有些莫名其妙的妹妹和說不清的電話，檸檬決心分手，媽媽卻質問她，是否與其發生關係。

檸檬承認有，媽媽不由分說，強制他們結婚，「都這樣了，以後誰還要你，他工作還可以，趕緊結婚吧！」

畢業後經歷了一波三折後，檸檬還是服從了媽媽，結婚了。

婚後她發現，在結婚的前一個月，男方還在和另一個女朋友同居。

02

那場大吵後，剛剛懷孕的她流產了，心也跟著孩子一起死去，她頂著全家人的反對離婚，淨身出戶。哪怕前夫曾向她父母借的十九萬，沒有證據可能要不回來。但她仍然堅決離婚。

檸檬在微信中對我說：

那段時光真是我人生當中最陰暗的日子，前夫一邊祈求我不要離婚，一邊把我們共同抵押的房子換鎖並登記到他的名下，一邊辱罵我的父母和我，還在他所有朋友面前反咬說我嫌貧愛富要和他離婚。那段時間我不僅承受了家人的責備和不解，還要承受他朋友的拷問謾罵，我什麼都沒說，有時半夜突然就哭醒了。直到現在我依然不後悔離婚。

我背負著一身債開始了漂泊的生活，現在二十八了，卻依然租房住，離婚後我也談過兩次戀愛，大部分追我的人就見過我一兩次就說喜歡我，要我做他女朋友。我覺得他們都不是真心的，現在我始終打不開心結，覺得自己是不是不配擁有幸福的愛情，自卑的種子在心裡生根發芽。同事也說一定是我要求太高了，所以看不上別人。

我是個不善言詞的人，平常不愛說話，他們都認為我很高傲，其實我只是不知該如何跟他們搭話，我從來都沒有看不起他們的想法，並且我內心非常自卑，所以大部分時間都很獨立，我不喜歡向人們展示我的脆弱，也不喜歡用自己的事去麻煩別人，所以同事們和我總有距離感。我真的很苦惱，我無法擁有甜蜜的愛情，同事也和我有距離感，不會很親密，父母也著急我二十八了還沒找到歸宿。我真的覺得我一無是處，我真的好想徹底放下過去，做一個溫暖無畏的人，桃姊你能告訴我該怎麼辦嗎？

小Ｊ和檸檬，面對的都是一個核心問題：自卑。

而自卑的根源，說到底，是愛與安全感的缺失。

被愛，是每個人一生最重要的需求。這項需求的滿足，首先來源於父母。

小Ｊ因為是女孩，不被親人喜歡。

檸檬因為要花錢治病，不被父母接納。

從小得不到父母的愛與肯定的孩子，始終活在心無所依的動盪裡。

除了父母，在一個人的孩童到青春期，老師和同學也對自我概念的構建影響重大。而像檸檬這樣的女孩，先後被同學羞辱，被老師汙蔑，被媽媽暴打，一次次身心受創。

不被愛，是自卑的根源，也是低自尊、低自我價值的根源。

但原生家庭沒被好好愛過的人，就注定要遭遇渣男、注定過不好這一生了嗎？

不。

原生家庭的概念以及影響，讓很多人找到了自我問題的根源。

但是，歸因從來容易，改變才是勇氣。

所有的溯本求源，都是為了找到癥結後採取行動，而不是把事情全推到這個緣由，「看，我今天這樣全是我的原生家庭害的。」

如果不能突破這一點，就無從談成長。

03

這世上有太多像檸檬和小Ｊ一樣的女人，包括我自己，都曾經活在深深的自卑裡。

所謂成長，就是我們不斷地對自己的自我進行升級，就如同，我們不斷拋棄小時候已經不再合身的舊衣，重塑自我概念，真正對自己負責。

・重建認知

我曾經在文章中寫過：三十而立，立的是什麼？

不是家業，而是自我。

小Ｊ的沮喪恐懼、檸檬的外表高傲內心自卑，都是自我在過去的經歷中建立起的防禦模式。

而想成為真正的自己，活成自己想要的樣子，第一步就是重建認知。

清晰地認識自己，接納與認同自己，主導自己對自己的評價。

我是一個什麼樣的人，我想成為一個什麼樣的人，我需要怎麼樣做到。

為自己設置一個想完成的目標。這個目標只與自己有關，與他人期待無關。

比如檸檬，不需要為了媽媽而設定「二十八歲嫁出去」這種目標，而是遵從自己的內心，去為自己想要的結果而努力。

這個目標，可以是通過一次考試，可以是完成一次晉升，可以是掌握一項技能。

它只關乎你自己。

．立即行動

我幾乎會對每個迷茫的諮詢者說同一句話：**去做。**
現在，立刻，馬上。針對你的目標，去行動，去做。
不自信，就是不信賴自己有足夠的能力。能力來自於嘗試和實踐。最終成功完成的結果，會形成自己對自己的認同。
找到自己缺失的能力，補充它，強化它，使用它，積累它。
由易到難，由少到多。
當能力被肯定，就能成為自信。

．承擔責任

每個不曾被愛的孩子，都會在孩童時期就建立起自己的心理防禦機制，像小Ｊ，可能選擇的是逃避。像檸檬，曾經對媽媽是討好。我們要承認這些模式在當時是有一定正面意義的，它會使一個孩子的心理得到暫時的平衡。
但它同時也令人痛苦。

正因如此，一個人在成年後就要承擔自我的責任，無論曾經經歷過什麼樣的家庭、際遇，都不能逃避在成年之後，促進自我成長的責任。自卑，就是自我發展不成熟的結果。

對自己負責，就是「我可以為自己做什麼」。

因為痛苦，所以改變。打破消極的認知，把聚焦從外在轉向自己。思考，實踐，再思考與實踐。收穫就會隨之而來。

只有我們實實在在做出改變，所謂成長，才不再是鏡花水月，不再是隔靴搔癢，而是真正屬於自己的，快樂充實的人生體驗。

每個人一生，都有一個被愛的箱子等待填滿。曾經的悽楚、倉皇、不被愛，都只是一個因。它不是必然只能有痛苦的果。

即使走過暗夜，遇過渣男，誰不曾在低谷泥濘裡絕望。無論小J還是檸檬，**敢於面對，就已然是勇氣的一大步。**

接納，覺察，行動，改變。一個敢於成長的人並不是再無煩難，而是愈來愈相信自己有能力去應對這些煩難。

生老病死，苦辣酸甜，都是我們一生無可替代的體驗，都會伴著我們，將那只箱子一點一點填滿。

從此你懂得——疾風驟雨，也可華枝春滿。離合悲歡，亦有天心月圓。

01 桃心話

來信：

桃姊，我人生中的第一個男人是個已婚男，也是我的老闆，他第一次把我壓倒的時候嚇得我大聲哭喊，他看我掙扎最終放過了我。

因為公司的管理模式我們經常會一起吃飯，有很多機會在一起，每次都感覺很微妙。他不是惡人他是個好人，我們很同頻很多事情的想法都是一樣的。那件事之前我把他當成神一樣的存在，純粹地敬重他欣賞他，但是我不知道他為什麼會對我有想法，他一次又一次地接近我，但是我知道這不可以。

他告訴我只要享受當下的快樂就好，每次跟他在一起聊天確實很快樂，但是快樂過後我總是充滿罪惡感。

我第一次和男人擁抱，還有我的初吻都是和他。但是我沒有把我的第一次給他，他也沒有強要。經過一次又一次地接觸，我發現自己愛上他了，一年多了，整個過程我是恐懼和糾結的，很痛苦，要離開卻捨不得，他現在也不想再繼續了，他說：「情況你很清楚，只是你不願意走出來。」

我每天夜裡哭，失眠睡不著，吃不下飯。是的，我知道，我都知道，不可能會有結果的，但是真的好痛苦好痛苦，想著之前的美好，真的放不下。我從來沒想過讓他離婚，或許我只是貪戀他對我的寵愛。我不知道該怎麼辦，我不怪他，我知道是我自己的問題，但是，此刻我真的好痛苦，我不想再哭了不想再失眠了，我想知道我該怎麼做才能讓自己重新活過來！我該怎麼做才能不受他的影響自信地工作，我該怎麼過去……

回覆：

一個女性，從青澀女孩到成熟女人，中間要經歷許多考驗。已婚男人的誘惑，就是其中一關。我聽過很多和你類似的，女孩愛上男上司的故事。這也不能怪你們。一個涉世不深的女孩，面對危機四伏的社會、兵荒馬亂的職場，多少難言的孤獨委屈心酸。

而此時身邊出現了一個成熟沉穩、耐心提點、如兄如父的男人。他閱人無數，卻獨獨對你青眼有加。他位高權重，卻單單對你關懷備至。他壓力重重，卻偏偏對你關照呵護。

他的閱歷、經驗、見解，都是對他魅力的加持，太容易讓少女心沉醉不已。

你也是這樣陷進去的吧。

你說，把他當神一般尊敬和崇拜，殊不知，這是男人最好的催情劑。

他為什麼敢直接冒犯你？就是因為看到了你的花痴眼神和小鹿內心，拿準了你被冒犯之後的羞恥和迷亂，吃定了你糾結背後的泥足深陷和欲罷不能。

第一次，在你的激烈反應之後，他沒有強行睡你，因為他怕撕破臉，於是換了策略，迂迴征服。

他不斷接近，不斷試探，不斷在你面前展示他的成熟、風趣、博學、智慧，讓你迷戀，讓你沉醉，讓你身不由己。

直到哪一天，你主動呈上自己年輕美好的身體，作為對他，最好的朝拜。

很慶幸，你雖然在感情上沉淪，卻守住了最後的底線。

他失算了，一年多都未能得手，他惱羞成怒，於是不想繼續。

在他還覺得有希望讓你心甘情願臣服於他身下的時候，他滿心溫存，告訴你「享受當下的快樂就好」。

在他遲遲未達目的，失去耐心之後，又變成了「情況你很清楚，是你不想走出來」。

其實情況是他最清楚。

他從頭到尾，就是要你的身體，而不是你的感情。

而你偏偏投入了感情，不給他身體。

一個已婚男人，要一個女孩的感情幹什麼？不能吃喝不能變現的燙手山芋而已。

他要的，是品嘗鮮嫩多汁的肉體，享受你的崇拜和依賴，維持他的自戀和滿足。

你讓他失望了。這麼久，還苦苦堅守不肯交付身體，他內心ＯＳ了千百遍，「太難睡了！」

鳴金收兵不再戀戰，扔下你苦苦追憶獨自淩亂。

已婚男人對小女孩的招數，說穿了也就那幾招。只不過你和他段位相差太大，極不對等。在他面前，你是一條透明小溪，而他卻是深不可測的海。所以你看一切都是真心都是美好都是留戀，而我這種熟女＋局外人看來，一切都是套路都是伎倆都是演技。

已婚男人，尤其是事業上有點成就的已婚男人，為什麼喜歡找年輕單純的女孩？

有人說因為有錢了。當然錢和身分地位是一個方面，他們更需要的，是在白紙般的年輕女孩身上，獲得自戀的滿足和魅力的印證。

他的家中髮妻，與他白手起家，見證過他所有的青澀毛躁，幼稚愚蠢，卑微貧窮，她記錄了他的過去，在老婆面前，他裝不了。

他必須尋找新的獵物，以一個完美成品的標準，出現在她的面前。

他手段老練，收放自如，盡情揮灑熟男魅力，指點江山，普渡少女。他在那些更年輕的女孩身上，彌補自己的遺憾和失去的青春。

時空重疊交錯，他終於在年輕身體和嬌豔臉龐間，在女孩的痴迷和膜拜裡，一洗當年一無所有的恥辱。

對女下屬下手，是成本最低的豔遇。幾乎不用出錢，用他的權力和經驗就可以。

你以為那是愛，事實上，那只是他的成本投放。

如果，在他第一次壓倒你的時候你就報警，你看還是不是真愛？

如果，在他要你「享受當下的快樂」時，你讓他出錢買房，你看還是不是真愛？
如果，在他想要脫掉你的底褲時你說「離婚娶我」，你看還是不是真愛？
人性很複雜。我們很難說一個人是個絕對的好人或惡人。
也許對別人，他是個德高望重的好上司。
也許在家裡，他是穩重負責的好父親。
也許男人的一半是好人吧。
但在你這裡，他就是一個油膩的出軌男。
收起你的羞恥和迷亂，重新定義你的職場。
如果繼續留下工作，需要強大的心理素質，坐懷不亂，把該學的業務學到手，把本事長自己身上。
如果做不到，那就乾脆離開，上哪找不到一份工作？春光大好，風華正茂，別拿一棵歪脖樹當整片大森林了。

02

來信：

我和男朋友在一起已經快三年了，男方平時脾氣有點大，發起火來就收不住，導致吵架時說話就放狠話，口無遮攔，「滾」這一類的話就輕而易舉地說出口。

我們今年研究生畢業。他平時待我很好，但還是會有些直男癌，大男人主義的樣子。這次吵架也是因為他在忙事情，我過去找他，他當時就對我說，你有事就說事，沒事就先回去，我在忙！語氣很不耐煩，讓我有點難堪。我想，我可以多多理解你，因為你在忙，可是事後忙完了不應該有個態度，問我今天找他是不是有什麼事嗎？我很生氣他的不耐煩，更生氣他事後沒有做善後工作，不懂我。兩個脾氣不合的人到底還能不能繼續在一起？

回覆：

首先，有必要給你科普一下大男人主義和直男癌的區別——

大男人主義：基於自己的男性身分，強制賦予自己某種義務。

直男癌：基於自己的男性身分，強制賦予自己某種權利。

現在，你可以對比一下了。

大男人主義，是他行使權利的同時也在履行義務，在他的意識裡，你是他的女人，你的一切也是他的責任。很多女人喜歡這種男人，因為被保護，可依賴，為此犧牲一點自由，吞嚥一點委屈，覺得值得。這就看你自己怎麼權衡了。

最怕的，是打著大男人主義旗號的直男癌。

只享受，不付出。只行使權利，不承擔絲毫責任。

一切只因你是女人，你就應該忍氣吞聲忍辱負重，而他呢，我是男的我最牛。嫁給直男癌有多悲催，不用我多說了，你去網上搜一下，一把一把的血淚史。在一起快三年了，對方是人是鬼，也該認得清了。

03

來信：

我今年十九歲，他算是我的初戀，因為我的所有的第一次都給了他。快一年了，他變化愈來愈大，他發起火來的樣子真的很可怕，近乎瘋狂。他發火的原因很簡單，就是因為我錯了，無論大事小事。我說不過他，也不敢說什麼。拿不起也放不下這段感情，雖然從來沒有人這樣對我發過火，但也從來沒有一個人這樣愛過我。

回覆：

安全感和自我價值感不足的人，特別害怕失去。

即使面對一個錯的人，面對一份千瘡百孔的感情，也寧可抱殘守缺，忍耐著，煎熬著，在這份痛裡苦苦沉迷。

這一切不是你的錯。想必你在原生家庭裡得到的愛也不算多。你太渴望愛了，太留戀被愛了。遇上一個肯給你一點溫暖的人，你就飛蛾撲火把一切都獻上，只想滿足內心深處這份渴望。十九歲，路還很長。多讀書，多成長，可以多讀一些自我成長類的書，如果有條件也可以借助心理諮詢幫助自己的成長。活成你自己，就不會在愛裡這麼迷茫，這麼憂懼，這麼受傷。

04

來信：

三十多歲的我有一個美滿的家庭，我和老公都在國營企業，工資不高但生活美滿，有一個可愛的寶寶，但平靜的湖面下暗流湧動。在我結婚之前我的娘家條件還行，後來被弟弟敗光了家產，我是淨身嫁到婆家的，婆家這邊條件還可以，給我們買了兩套房、一輛車。婚後兩年多，弟弟幾乎每個月都會從我們這借錢，先後借了還不少，開始老公什麼也沒說，借就給，但從今年開始已經有怨言了，不想再借了，為此我們常有衝突。現在特別怕接到弟弟的電話，我既心疼他找不到錢，又不想再因為這事跟老公吵架（弟弟算是浪子回頭吧，現在正在做一個計劃，但是前期需要投資），我真不知道該怎麼辦了。

回覆：

很多當姊姊的女人，對弟弟特別溺愛，一半是姊，一半是媽，總感覺自己對他有負不完的責任。你也是。

結婚兩年多，每個月都要借錢給弟弟，我是你老公早忍無可忍了。

你以為這種做法是出於親情，其實不是。一來你對老公不負責任，他沒有對小舅子有這個義務。二來對你對弟弟也不負責，繼續把一個老大不小的小夥子慣成一個沒有擔當的人。

自古救急不救窮，救急還得分人分情況呢，他的人生應該由他自己來承擔。

一句話：浪子回頭金不換，情義千金姊不欠。

05

來信：

我是一個學人力資源的實習生，因為沒有經驗，很多公司不招，該不該轉銷售或者其他職位？但是又想在人事這塊學到點經驗，很多人都讓我去做銷售，我該怎麼選擇？

回覆：

想做ＨＲ，就別挑三揀四，從最底層做起，從頭學經驗。

你又不是諸葛亮，還等著人家三顧茅廬啊？

PART 4

一個女人的成熟，就是最牛的整容術

唯有一份真實的愛與寬容，
才是我們行走紅塵的鎧甲，
撫平內心酸澀，
翻越歲月山河。

好女人是所好好學校，但你不必收學渣

婚姻裡的成全，是雙向的。
男人需要女人的支持，女人需要男人的滋養。

01

同城的女友十萬火急地找我，說要帶她老公約我一起吃個飯，讓我和她老公聊聊。

我嚇得虎軀一震，趕緊聲明：情感調解節目我不接喔。

她開始訴苦，一訴訴了半小時。老公是個直男癌，就因為她不肯辭職帶孩子，這兩年對她百般挑剔，三天一小吵，五天一大鬧，動輒就是：「女人不顧家娶回來是幹什麼的？」「洗衣做飯算什麼，某某家老婆還敲腿捶背擦鞋油呢。」

這幾年，她用盡了各種方法，溫柔的，強硬的，撒嬌的，討好的。但人家雷打不動——萬事都是你的錯，老子就是這麼牛。頑固執拗，剛愎自用，油鹽不進。

她給他轉我的公眾號文章，男人嗤之以鼻，「這種文章就是專門教壞你們這些女人的。」

她提議一起去做情感諮詢，男人暴跳如雷，「你腦子才有病！」

她約他參加親密關係成長課程，男人不屑一顧，「那都是傳銷組織給你們洗腦的。」

某次她連求帶哄，將老公帶到一個心理機構開辦的薩提爾工作坊，不到三十分鐘，男人扔下一句「神經」，揚長而去。

她說：「我實在沒辦法了，不都說好女人能改造好男人嗎？我怎麼樣才能讓他成長呢？」一聲嘆息。

我先給你講個事——我剛做HR的前兩年，一度被「一個優秀的管理者就是能把最差的團隊打造成虎狼之師」的言論洗過腦，經常對部門經理提要求：

「新人不懂事，你可以培養呀。」

「團隊實力弱，你要去打造啊。」

「員工沒動力，你得去激勵啊。」

逐漸成熟後，我深深為自己的無知感到慚愧。因為根本不是這樣的。

那些沒有內在驅動力的員工，什麼樣的上司都無法培養他。

那些不具備學習意識的新人，再好的主管也難以打造他。

我一個同行的朋友，在一家國營物流公司任中層，部門總共十一人，實際包括他在內，能做事的只有三個人。

剩下的，要麼是年紀大了一心準備退休，死豬不怕開水燙的，要麼是某某主管出國歸來的孩子，家裡不差錢，只想找個地兒混著的，要麼是哪個重要關係的閨女侄女兒媳婦，來了就支起iPad塞上耳機追韓劇的。

你跟他提績效改進，談職業規劃，講個人發展，sorry，臣妾不care啊。

朋友苦笑，「這樣的牌塞給我，讓我打好？開玩笑，神仙也辦不了。」

02

「好女人是所好學校」這個論調在婚姻裡大行其道，就像「好主管能把所有人都培養成菁英」的神邏輯一樣，讓很多女人誤以為，自己能當起校長老師，可以將任何渣男變暖男。

騙人的。

朋友的妹妹阿婉，戀愛談了一年，雙方家長催促訂婚。可阿婉猶豫不決。男友脾氣暴躁，一點小事就能被激怒，一爭吵就喜歡摔東西，還有兩次揪起阿婉的衣領，雖然最後克制住沒動手，但阿婉開始深深懷疑他有暴力傾向。

阿婉媽媽勸說：「年輕人嘛，年輕衝動血氣方剛，有點脾氣也正常，男人結了婚是會變的。」兩個姨媽也贊同，「女人是家裡的風水，這老婆你要是當得好，男人有什麼不能改的？」

什麼鬼？**好女人是所好學校，錄取也是有分數線的，好嗎？**

什麼學渣都往這學校送，最後就成了禽獸收容所，渣男集中營，女人是深愛世人的聖母，還是普渡眾生的菩薩？

男人出軌，老婆要學著滿足他的性需求，讓他回歸家庭。

男人搞曖昧，妻子要想辦法讓自己保持年輕，給他新鮮感。

男人家暴，女人不要有刺激性言行，別觸碰他的創傷，讓他慢慢改正。

所以，女人一定要不斷學習，一個好女人，就是一所好學校，可以讓男人變好。

女人這所「好學校」，什麼時候被黑成這樣了？

03

無論男人女人，都需要學習和成長。好女人是所好學校，這話本身，我是認同的。因為女人對情感質量要求相對更高，所以在婚姻裡，女人往往是主動學習和成長的一方。

這並非空口說大話，各大知識付費平台，女性是學習主力軍。各類婚姻經營、自我成長的線上課程，大數據都能充分證明，女性是購買主體。所以，一個不斷成長的女人，懂得如何用自身的成長，引導一個男人一起成長。一個智慧的女性，懂得如何使用女性的力量，影響一個男人不斷成熟。

但並不意味著，隨便塞一個學渣，女人都能讓他變成學霸。學習力有三個要素組成：學習動力、學習毅力、學習能力。沒有「學習動力」這個核心驅動，再牛的大師帶他也白瞎。簡單說，一個人內心有成長的意願，女人這所學校才能發揮作用。

有能力，有意願，通常是學霸。

無能力，有意願，大多是學弱。

無能力，無意願，根本是學渣。

如果說女人是所好學校，那就更有資格提高分數標準線，將學渣拒之門外。一個女人與一個男人結婚，組建家庭，生養孩子，不只因為愛，還為一起抵禦人世風雨，不是來當媽的也不是來收學生的。一個好妻子，決定一個家庭的溫度，一個好母親，決定孩子安全感的建立。

但**不代表，女人就要去當義務支援教學的老師和聖母馬利亞。**

04

媽寶、直男癌、暴力傾向，這些問題，都來自於原生家庭。一個好女人，能改變這樣的男人嗎？如果女人是專業心理醫師或諮商師，有扎實的理論基礎和豐富的實戰經驗，或許會有成效。但是，具備這種專業素質和能力的女人，不會選這種男人當老公，只會收他當病人，並且收費。

婚姻是什麼？是一種契約，是一個團隊，是一場合作，而不是九年義務教育、學渣收容基地、心理治療診所。

一個人，就像一棵樹。樹根是人品和價值觀，樹幹是處事方式，枝葉是行為表現。你可以用自己的技術修剪枝葉，也可以適度地矯正樹幹，但你無法改變樹根的部分。原生家庭帶給他的，或者原生家庭沒有教給他的，想透過女人後天改變，難於上青天。

不只是難，更多是苦。

我見過太多女人，一路吃盡苦頭，總試圖透過自己的變好，來影響一個男人跟著變好。但我們要知道，一個能把丈夫變得更好的女人，首先是這個男人的樹根沒有腐爛，擁有向上的生命力，擁有想跟她一起變好的意願。

在長期相處中，女人可以影響他，從不成熟變得成熟，從不細心變得細心，從笨嘴拙舌變得會表達，從不解風情變得有情趣。但**女人不是魔法師，無法把一個拒絕成長的媽寶變成菁英，無法把一個毫無意願的渣男變成暖男。更何況，這不是她天生的責任和義務。**

婚姻裡的成全，是雙向的。男人需要女人的支持，女人需要男人的滋養。

婚姻裡，誰對誰，都沒有九年義務教育的使命。

心安理得地當著豬隊友，從不反思永不改過，還百般挑剔萬般指責，所有一切都是別人的錯。

抱歉，學渣的改造我不負責。

一個女人的成熟，就是最牛的整容術

熟女的人生觀，是再也沒有「誰誰說」，只要由衷熱愛，只要篤定堅信，只要恰好適合又真心喜歡。

我曾發過一則短文到朋友圈，「你們知道一個生來就醜的人，在沒錢整容的年月裡自強不息，活到今天有多麼不容易嗎？我千辛萬苦長到現在，可千萬不能醜回去。」

一個做行銷企劃的女友，很八卦地冒出來確認，「你以前真的很醜嗎？」

我沒接話，把一張童年照直接發了過去。她再也沒有回話。

事實是真的。我從小醜得連親媽都嫌。大餅臉，塌鼻子，腫眼泡，黃不拉嘰，像棵營養不良的豆芽菜。

都說女大十八變，我挨呀挨，終於走過豆蔻年華，長到花季雨季，愛美之心漸重，稍稍長開了一點，奈何沒條件打扮，只能去拍濃妝豔抹的俗豔藝術照——被無數人穿過無數次的衣服，千人一面的笑容，千篇一律的動作。

若干年後，我翻出當年拍的藝術照，對著鏡頭故作燦爛地笑，眉毛細而挑，誇張的假睫毛，臉比脖子白好幾個色號。

那分明是一個女孩，為了變美，拚得用力過猛。我不夠篤定，也沒本錢雲淡風輕。

那時我尚不懂，女人真正的美，需要時間和閱歷來沉澱。膠原蛋白滿溢的二十歲，儘管是女人一生裡最青春的時光，但我活得緊張、慌亂，充滿防禦感，絲毫不輕鬆。

一個女人真正成熟之後，你會驚異發現，歲月無刀無槍，卻已然給她完成了最成功的整容。這就是為什麼，我們看到愈來愈多的女人，年輕時土氣、老成，卻在熟齡後笑傲紅塵，活出了無齡感。

比如劉嘉玲，十八歲出道，被嘲笑演技花瓶、大陸土妞。青春少艾的她五官周正，但就是有種說不出的鄉土氣，以及一絲小家子氣。如今呢，五十有加，既沒有整成一張蛇精網紅臉，也看不出是否打了僵硬的玻尿酸。她大氣、通透、優雅、篤定，白襯衫牛仔褲，照樣美出萬千氣象。

比如林憶蓮，年輕時的她，歌好聽，但人真心不好看，單眼皮瞇瞇眼，老氣橫秋。二十年後卻美出天際，活色生香、元氣滿滿、嫵媚纏綿。

我突然在想，**少女和熟女最大的區別是什麼？其實看臉就知道。不是看她膠原流失了多少，或是魚尾紋增加了幾分。而是看她的臉上，是青澀緊張，還是從容淡定。**

曾有個鐵哥兒們，在參加完同學會之後發問：「你說多奇怪，我們當年那班花，現在真是人老珠黃了，倒是當初有幾個連名都記不住的女生，現在個個好看又順眼。」

呵呵，實話告訴你，女人的美，沒幾個是天生麗質，大多數都是靠後天修煉。

為什麼那些成熟後的女人，像整了容一般，完成華麗蛻變？

·成熟讓女人，從愛人轉向悅己

少女失個戀，恨不能哭足一百天，不吃不喝不睡，搞得人不人鬼不鬼，用情至深，天地為鑑。

而熟女的原則是什麼？沒愛情時不一心求愛，分手後也不糾纏。

不管春風怎麼吹，我只想好好愛一回。不必感動天地感動你，我首先要好好愛自己。

她們強大，自行修復破碎的曾經。她們赤誠，風雨過後依然相信愛情。

她們永遠有一種讓自己愈活愈好的動力。

·成熟令她們更相信自律，以及努力

以前看明星訪談，問及保養經驗，永遠是「多運動，多喝水，保持睡眠和好心情」。我心中總會不屑：誰要聽你這種廢話！

但當三十歲一過，我才知道，這才是警世箴言。斬釘截鐵告別過去，把悲傷奮力踩在腳底。在夜色中獨自跑步，在健身房揮汗如雨，她們更懂得，要讓自己吃一點苦，才是通向甜的路。永遠保持正心、正意、正念。這種能量，淬出女人優雅而強大的氣場；這種美，相比倚恃青春為所欲為，是一種有韌勁、有彈性、有自控力的美。

・成熟讓女人有開闊的格局，和獨立的底氣

山本耀司曾說：「我對那些賣弄風情的女性絲毫不感興趣，相反，一位專心踏踩縫紉機的女性背影，或是聚精會神縫衣服時的側影，都會讓我感受到一股強烈的情欲。我極其渴望去尊重，去幫那些在社會上立足、為生計打拚的女性。」

當一個女人開始掌控自己的人生，那是一種難以描述的性感。她們自帶迷人荷爾蒙，行走世間張弛有度，獨具韻味。單眼皮還是大眼睛，微貧乳或是D罩杯，有什麼關係。**我站在哪裡，哪裡就有我的天和地。**

・好看的皮囊千篇一律，有味道的靈魂才是萬裡挑一

成熟不是到了哪個年紀就水到渠成。歲月會帶走膠原蛋白，但時間，更會給那些堅持不懈自立自愛的女人，改頭換面脫穎而出的機會。

我曾寫過一篇〈熟女不再愛大叔〉：「熟女為什麼不再愛大叔？因為她自己熟了，買得起迪奧，開得了奧迪，外有筋骨皮，內煉一口氣，巧笑倩兮美目盼兮，才貌雙全福慧雙修。不需要誰來承擔她的人生，她自己都可以。她們不再依傍，不必附屬，遊刃有餘，收放自如。四兩撥千斤，深藏功與名。」

成熟的女人，天開地闊，無憂無懼。勤加保養，堅持自律，永遠不放棄自己。這是她們美出新境界的真正原因。**不得體的衣裙不穿，不值得的男人不愛，不匹配的物件不選。**

熟女的人生觀，是再也沒有「誰誰說」，只要由衷熱愛，只要篤定堅信，只要恰好適合又真心喜歡。

是的，一個女人的成熟，就是最牛的整容術。

多少女人，敗給了刀子嘴，豆腐心

都說情愛裡無智者。
但畢竟，婚姻是場馬拉松，不是圖一時痛快就行了。

琳在深夜微信上向我哭訴，「他良心被狗吃了！竟然敢跟我說離婚！」

我一聽也有點吃驚。琳的先生我也認識，總體來說，是個不錯的經濟適用男。

我問：「他主動提的？」

琳說：「我們最近接連吵了兩架，我氣得不行，跟他說『能過就過，過不了就趁早離』。他竟然說『你要離就快點離，有什麼了不起』。」

我不厚道地笑了，「這明明是你先挑頭的嘛。」

琳氣不過，「他那榆木腦袋也不會想想，我要真想跟他離，還用等到現在？只不過就是想罵他一頓，讓他好好反思一下自己，三十好幾的人了，還這麼不長進！這不都是為他好？換成別人，死活我才懶得管……」

唉，罵一頓就長進了嗎？拿離婚嚇唬就管用了嗎？你覺得自己扒心扒肝地為他好，人家領你情了嗎？

前兩天還有個妹子在後台給我留言，說兩個人吵了架，她覺得男人不夠愛她，不在乎她，不知道讓著她，於是一賭氣說分手，結果男方真跟她分了。

她痛苦不堪，日夜哭泣，「我並不是真要分啊，就是想讓他知道自己錯了，以後對我好一點。」

你看，無論戀愛還是結婚，女人啊，多少幸福，都敗給了刀子嘴，豆腐心。

我對「刀子嘴，豆腐心」這事最原始的認知，起源於我媽。從我有記憶開始，她跟我爸吵架就是放各種狠話，張口閉口「不過了」。其實吵架也不是因為多大的事。

我爸在酒廠工作，那年月，工人階級沒什麼娛樂活動，無非就是三天兩頭呼朋喚友，喝喝酒，吹吹牛。

我爸性格幽默，人緣好，大家一湊局都願意喊他，他若不去，就跟炒菜沒放味精鹹鹽一樣，沒意思。他們一幫同事哥兒們，今天在東家，明天在西家，輪流作東。晚上喝得暈暈乎乎各自回家。

他倆所有爭吵都源於此。我媽嫌他喝得多，嫌他回家晚，一吵就是山崩地裂，水火不容。什麼難聽說什麼，什麼狠罵什麼，讓對方去死的話都說過。

於是兩人就愈吵愈烈，從口角爭執，演變成摔東西，鬧離婚。

有一次我媽的閨密張姨來我家玩，我媽跟她發洩怨氣，張姨說：「男人愛在外面喝就讓他喝去，你睡你的覺，不管他就是了，愛回不回，生那麼大氣幹麼。」

我媽反駁，「不管怎麼行？這大冷天的，要是醉倒在路邊，一晚上不得凍個半死。」

我當時就想，我媽原來挺關心我爸的，但怎麼就從她嘴裡聽不到一句好話呢。

後來，我也聽小姨勸過她，「你為了姊夫身體好，怕他太晚回來不安全，就試著好好跟他說唄。」

我媽一口拒絕，「試不了，不會說，沒辦法。」

她哪裡是不會，分明是不肯。

她對外人，對同事，對鄰居，對八竿子打不著的親戚，話說得比誰都妥貼、到位。

但到了我爸這兒，她習慣用最原始粗暴的方式，好話從不好好說，偏要反著說，偏要往狠了說，怎麼傷人怎麼說——

「要是過夠了就早說，誰怕誰，大不了就離婚。」

「你下次再喝到這麼晚，就永遠別回來！」

「以後再也不管你，你愛幹麼幹麼去。」

但實際上呢，下一次她還是照舊，該管還要管，該吵還要吵，該生氣還要生氣。

她那一套話，我從小都聽得倒背如流了。

耳濡目染的我，後來也長成了一個刀子嘴，豆腐心的人。

四年前的盛夏，我頂著中午的大毒日頭，到中醫院掛號預約。那時兒子尚小，體弱多病，朋友建議我給他貼三伏貼調理一下。每年入伏頭這一天，中醫院都要排號預約，人滿為患。我趁中午下班，飯都沒吃，打了個車趕去排隊。在此之前，我跟老公為瑣事吵了一架，已經冷戰了好幾天。但想到他腸胃也一直不好，我還是掛了兩個號，給他和兒子都預約上了。

出了醫院大門，我心頭氣難平，掏出手機給他打電話，「已經約上了，你愛貼不貼，這是我最後一次給你操心這些破事，以後再不管你，自己看著辦吧！」掛了電話，我氣哼哼地回公司上班。

現在讓我回頭再看這一段，簡直要被自己蠢哭了。

要是真能狠下心不管不理不問，倒也還好。偏偏又豆腐心，忍不住地惦記、牽掛。心也操了，事也辦了，時間精力也搭上了，就差最後撒個嬌邀個功，結果呢，就因為管不住刀子嘴，說了這些沒用的廢話，把自己的好全埋沒了。

我也是用了很多年，碰了很多壁之後，才知道自己的問題出在哪裡。現在做情感諮詢，我特別能理解刀子嘴，豆腐心的女人。她們和我當年一樣，心是好的，人是善的，對別人是實心實意的，但心氣高，自尊強，愛批判，還太過倔強，死不低頭。

其實不是不明白，那些狠話，最多是圖個嘴皮子痛快，什麼問題也解決不了，沒事找事，生一頓氣，捎帶著把你在對方心裡的好一同抹了去。

婚姻裡，刀子嘴，豆腐心的人，最吃力不討好。

這樣的人，並不是真狠，恰恰相反，她們大多色厲內荏。就拿離婚、分手這種事來說，她們根本不是來真的，但氣不過，偏要說，希望能給人震懾，讓對方幡然悔悟，從此改過。

可這招恰恰是最不管用的。

你放上兩次狠話之後，男人看穿了你不過是隻紙老虎，嘴上耍耍威風罷了，也動不了真格的，自然更不把你的話當回事了。

刀子嘴，豆腐心的女人，其實只是缺點耐心，缺點情商，缺點智慧。

有一次我去參加一個心理課，老師講了一個情感案例，女人一吵架就對男人歇斯底里，「你知道你多可惡嗎？」果然，男人愈來愈差勁。

老師說，把這句話換成：「**你知道我多愛你嗎？**」結果可能就完全不一樣了。

是不是特別適合刀子嘴，豆腐心的人？

我現就對老公換招了。他腸胃不好，卻偏偏愛喝冰啤酒。

按我以前的習慣總得發火，「說你多少遍了，能不能長點腦子，你自己什麼脾胃，心裡沒數嗎？」現在改為，「**你知道你肚子疼的時候我多心疼嗎？**」

他立馬乖乖換成常溫的。

既然豆腐心，就別刀子嘴。非要刀子嘴，那就刀子心。

其實**真正聰慧的女人，是豆腐嘴，刀子心**。

豆腐嘴，並不是只做不說，那是鋸了嘴的葫蘆，也吃虧。

豆腐嘴是和顏悅色，溫言軟語，懂得給男人留自尊、留面子，怎麼好聽怎麼說，怎麼讓人舒服怎麼說。

刀子心，也不是心腸歹毒腹黑狡詐，而是自己心裡如明鏡一般，有骨氣，有底線，是非分寸，了然於胸。

一旦觸碰了底線，違背了原則，該下狠手就下狠手，手起刀落，絕不含糊。

這樣的女人，在感情裡才能有威，有信，有韌性，才能被愛，被重視，被尊重。

都說情愛裡無智者。但畢竟，婚姻是場馬拉松，不是圖一時痛快就行了。

願我們，都能換成豆腐嘴，刀子心，外表柔韌、內心硬氣地面對生活和婚姻。

愛是空氣，需要呼應和對流

你要臉上有顏，腰上有線。你要有胸有腦，有愛有錢。
你要與你愛的他，一起能花，一起會賺。

01

有個段子說，如何從吃飯埋單的表現判斷男女關係：**男人主動埋單，戀愛關係。女人主動埋單，夫妻關係。男女爭搶埋單，朋友關係。男女都不埋單，前任關係。**

我跟一個妹子在午餐時共賞這條段子。

她問我：「這準嗎？」

我說：「有一定道理吧。戀愛時男人要拚命表現，通常會搶著付款。結婚後一般是女人管錢，消費時也通常由女人埋單。」

妹子撇嘴，「我跟男朋友吃飯，如果這頓他付了，下頓就要我請，不想欠他的。」

我笑，「你倆都準備結婚了，怎麼這關係更接近普通朋友啊，搶著埋單，有來有往，互不相欠。」

她氣哼哼地呸我，「是你整天鼓吹女人獨立的！」

無語，真不知道到底有多少女人誤解了獨立的涵義。

前幾天陪一女友逛街，看中一條不便宜的施華洛世奇項鍊，她要刷卡，我阻止，「還有一個月就七夕了，可以讓你老公送嘛！」

她大義凜然，「我自己有錢，不稀罕他送。」

我對她頂了回去，「親，你什麼都自己買了，老公的錢要留給外面的女人嗎？」

她傻眼，「你們這些雞湯作家不都成天教導女人要自己賺錢買花戴嗎？」

天啊，**我們這些雞湯作家，什麼時候教你別花男人一分錢了？**

02

三毛在〈結婚記〉裡寫過一段話：

荷西問三毛：「你想嫁個什麼樣的人？」

三毛說：「如果不喜歡，千萬富翁也不嫁；如果喜歡，億萬富翁也嫁。」

荷西就說：「那說來說去你還是想嫁個有錢的。」

三毛看了荷西一眼說：「也有例外的時候。」

「那你要是嫁給我呢？」荷西問道。

三毛嘆了口氣說：「要是你的話，那只要有吃飯的錢就夠了。」

「那你吃得多嗎？」荷西問道。

「不多不多，以後還可以少吃一點。」三毛小心地說道。

如三毛般特立獨行瀟灑如風，也是「你吃我的飯，我也花你的錢」，因為這才是婚姻啊。

有女孩立下壯志，鐵骨錚錚，不花男人一分錢。

這話怎麼聽，都像某位女性放言「我發誓這輩子不依靠男人」一樣。

這不是真正的獨立和強大，反透著內心乏力、色厲內荏的虛弱。

花他的錢怎麼了？那是你真愛的男人，你的親老公，有什麼不能的？

健康的兩性關係，是愛與被愛，是需要與被需要，是依賴與被依賴。

女人，是要先謀生再謀愛，要能自己賺錢買花戴，不必掌心朝上看人臉色，不必抱大腿討生活。

但是，並不意味著你要活成一個什麼都不需要的鋼鐵戰士，一尊拒人於千里的女王雕像。

03

我的錢包裡，永遠裝著一張老公的信用卡，該刷的時候毫不客氣刷刷刷。

曾有姊妹問過我，「你賺得不少，怎麼還刷老公的卡？」

平心而論，我的收入是比老公高。但是妹妹啊，**我刷的哪裡是卡，我刷的分明是他的存在感啊！**

每次在免稅店，刷他的卡買LA MER，回家又作委屈狀，「好貴，好心疼。」

他反倒一臉驕傲，「買吧買吧，你喜歡就好。」

婚姻經營總需要點心機技巧，不是靠著大白話直腸子就能幸福的。

我們一定要明白——遠古洪荒，男人要學求生。戰爭年代，男人要上戰場。如今和平時代，男人無仗可打，無敵可殺，總得有地方讓他找找自信心，滿足下成就感。

04

馬雲曾說：「瑞典女性要工作，但不用看孩子。日本女性要看孩子，但不用工作。中國女性往往既是承擔責任的母親，又是創業者，非常不容易，我非常敬佩。」

的確，現在的女人都太能幹了，比得男人一無是處。

以前他們靠體能力量贏得優勢，可現在比不上快遞小哥、專車司機、物業大叔。

過去他們靠賺錢養家樹立威信，可如今高薪「白骨精」、百萬女Boss比比皆是。姊妹們，體諒下男人心裡的小憋屈、小失落和小沮喪吧，你能自己賺錢買花戴，也要給他機會，允許他們長長臉吹吹牛。愛是空氣，需要呼應和對流。愛像禮物，給得出也收得起。

那些咬牙切齒的女孩，信誓旦旦堅決不花男人的錢，要麼沒親自結過婚，要麼沒真正愛過人。女人的強大，是保持精神和經濟的雙重獨立。而經濟獨立，並不是打死不花男人錢，而是讓自己不斷升值，擁有賺錢的資本和能力。

既不是離開男人的供養就活不了，把自己淪為了附庸。也不是家裡每根釘子都要自己賺，讓男人活成了擺設。

我同意你養我，並不是你給我的賞賜，而是我自己的選擇。我肯花你的錢，並不是因為我不能賺，只是因為我愛你。

有愛時，我願意做個被寵溺的小女人。沒有時，我也能自己活成一支大部隊。

這才是真正獨立的意義。

婚姻本來就是一場雙人舞，你強到什麼都不需要他了，男人除了甩著兩隻爪子杵在那，還能幹什麼呢？

親愛的女孩——

你要臉上有顏，腰上有線。你要有胸有腦，有愛有錢。

你要與你愛的他，一起能花，一起會賺。

當一個女人開始掌控自己的人生，
那是一種難以描述的性感——
「我站在哪裡，哪裡就有我的天和地。」

婆媳之間，是一場將心比心的交換

其實說到底，夫妻感情，
才是抵禦一切歪風邪雨的利器。

01

先來講個故事——

A家的婆婆，品性好，人心善，勤快乾淨，任勞任怨，對兒媳婦視如己出，洗衣、做飯、帶孩子，傾盡全力幫忙操持。而A家的媳婦，脾氣大，個性強，一言不合聲高八度，面不露笑嘴不饒人，休假睡到日上三竿，家務從來丁點不沾。

B家的婆婆，性格固執又不喜溝通，優柔寡斷又故步自封，思想情商止步於六十年代，寵起兒子卻與時俱進不限年齡。而B家的媳婦，人能幹，錢能賺，給婆婆買衣買房買保險，七姑八舅面面俱到，大事小情拎得清。

是不是有種「賴漢娶賢妻，好女嫁渣男」的感覺？A家的好婆婆，卻遇上個惡媳婦；B家的賢媳婦，卻攤上個差婆婆。

好吧，我說實話，這倆婆婆，都是我婆婆。這倆媳婦，也都是我。

外人看婆媳關係，永遠只是冰山一角。個中內情，冷暖自知。婆婆和媳婦，都有A面和B面。你用哪面示人，就換得對方哪面。我一直堅信，婆媳之間，就是等價交換。

在世俗標準裡，總是要求婆媳之間先要「將心比心」。兩個沒有任何血緣關係和交集，一點感情基礎都沒有的人，如何一上來就將心比心？**一定是先等價交換，再談將心比心。說白了，先給好處，再談感情。**

別急著說我勢利，**人的本性是趨利避害，你想讓別人對你好，你就要有很多的「利」，值得別人對你好。這個「利」，不只是錢和經濟利益，還體現在生活的方方面面。**

02

如今的我，在婆媳關係上，著實夠本錢炫耀——

一日三餐婆婆全包，家務活我一個指頭都不沾；下班一進門就吃現成的，吃完一推碗就去忙我的。

換洗的衣服直接丟洗衣機，婆婆自動分揀機洗手洗，甩透晾乾；床單被套，毛巾窗簾，我從來不管，定期自有婆婆拆洗更換。

我早上說想吃燉豬蹄，晚上婆婆絕對能端上桌；我不吃肉餡，包餃子她一定單獨給我包素餡；我帶午飯上班，婆婆必然早起炒新菜，不讓我帶剩的。

即便這樣，婆婆還經常在外人面前表揚：「我們家兒媳婦可好了，做啥吃啥，一點兒不挑。」

當然，我也盡我所能地對待婆婆——主動把新裝修的房子給公婆住，即使自己手頭不寬裕，給公婆買醫療保險也絕不含糊；換季添新衣，帶婆婆進商城，我刷卡你隨便選；婆婆預訂夕陽紅旅行團，我當即現金支持，好好玩別心疼錢；海參鈣片保健品，我主動買齊，三百六十五天不間斷；婆婆幹活我從不挑剔，人前只有讚不絕口；婆婆偶爾向我吐槽公公，我就把握時機給她做做心理疏導。

我並不是想展示自己多優秀，而是深知自己有缺點，脾氣急性格硬，耐性不足氣性有餘。既知自己如此多臭毛病都被婆婆包容，我就該在力所能及的事上加倍償還。我知道享受了婆婆帶來的利益，就該接納她不盡如人意的另一面。

世上所有好和壞，都不是無緣無故的。

03

今年春節，思思作為已經訂婚的準媳婦，第一次去婆家過年。

沒想到，大年三十，婆婆就給了個下馬威。

作為一枚實心眼山東妹子，思思為了表達對婆家的融入，故意多吃了些，年夜飯進行到一半，想把空出來的盤子撤下去，旨在說明「媽您做的飯真好吃，您看我吃了這麼多」。不料被婆婆冷著臉制止，「放那兒！我們家的規矩，沒吃完飯不准撤盤。」思思訕訕地把手縮回去。之後兩天，婆婆始終不冷不熱不鹹不淡。回到娘家之後，思思說：「我看明白了，以後能離多遠離多遠。」坦白說，這婆婆貌似精明，從一開始就立威，其實傻得冒煙了。

什麼是等價交換？在接納這件事上，我認為婆婆應該主動。新媳婦上門，改口叫媽，婆婆就應該拿出婆婆的胸懷，讓媳婦感受到歡迎和接納。

一上來就搞得不愉快，媳婦心裡留下了疙瘩，日後怎麼處？你先不拿媳婦當一家人，如何要求媳婦拿你當自家人？

讀者小靜，上個月新晉媽媽，添丁進口本是大喜事，婆婆卻在家鬧彆扭，「讓我伺候月子可以，但不能這麼主動去，她得來求我，我才去。」小靜聽後立即發飆，「以後都不用來了！」這婆婆也夠蠢的了。在這種時候，婆婆主動一點怎麼了？難道還會貶了身分不成？

我曾經說過，千萬別傷害這個時期的女人，她會記恨一輩子。在兒媳婦最需要關心的時候，你不露面不表示，落下的傷痛、留下的裂痕，以後都難彌補。還有很多婆婆，在孩子小、媳婦弱、需要她幫一把的時候，居功自大，動輒擺出「你不怎麼怎麼樣，我就不給你看孩子」那一套，各種要挾，各種刁難。

這就不能怨許多媳婦坦言以後不伺候婆婆，都是被傷透了。

婆媳之間，沒有天然的情分和義務，在我最困難的時候你幫了我，在你有困難的時候我也願傾囊相助。沒有這個前提，一切都免談。

04

婆婆應該更接納，那媳婦就應該更寬容。

很多女人，既想享受婆婆帶來的現實好處，又不想接受附帶的麻煩和束縛。一邊拿婆婆洗衣做飯當保母，一邊嫌她嘮嘮叨叨沒文化。更搞笑的是，還總想著改造婆婆，改造不了就咒怨。婆婆來自過去，一個人的觀念和習慣，根深柢固五十年，憑什麼到你這來參加勞改？

甘蔗沒有兩頭甜。

我從來不管家中廚房什麼樣。婆婆把舊毛巾當抹布，水管之間繫上塑膠繩上搭下掛，各種塑膠袋攢成一堆，我統統當沒看見。我深諳一個連廚房門都不進的人，沒資格指手劃腳。飯菜鹹了淡了我從來不挑，想吃什麼就提前說，饞急了就點外賣全家共享。

婆媳之間的情分，就是從「你對我好，我也念你的好」開始積攢的。

對婆婆，慣用句型應該是「不僅……還……」。婆婆不僅照顧孩子，還幫忙做飯；婆婆不僅做飯，還幫忙做家務。最忌諱用「雖然……但是……」。雖然婆婆幫忙帶孩子，但是衛生習慣不好；雖然婆婆人心不壞，但是脾氣不好。

看到了嗎？一「但是」就完了。

05

其實說到底，夫妻感情，才是抵禦一切歪風邪雨的利器。你抱怨婆婆對你不好，說到底那是老公默許的；你憤恨搞不定婆婆，說白了那是沒搞定你老公。

沒有夫妻感情這個「定海神針」，婆婆媳婦誰放個屁都能讓一個家分崩離析。但中國式的老公，除了極端的媽寶愚孝，剩下的基本都是「我媽就那樣，我有什麼辦法」，然後自欺欺人，粉飾太平，得過且過睡大覺的直男。

這才逼得女人只好親自上陣，處理婆媳問題。

十年看婆十年看媳，三十年河東三十年河西。

沒有血緣親情，又沒有親密關係，婆媳很少有親如母女這回事，大多靠等價交換積累情分。婆婆少去教育媳婦怎麼做子女，媳婦也不必指導婆婆怎麼當長輩。

你對我好，我也對你好。就像銀行存錢，你存一點，我也存一點，日積月累，利息滾動，共同屬於我們的就愈來愈多。

你對我糟，很遺憾，我也無法對你好；你傷過我，即便我不恨你，但也不會原諒你。

以德報怨，何以報德？

以直報怨，以德報德。就這麼簡單。

這才是女人離開的真相

成年後參演了生活大戲，才知道那些撕心裂肺的哭喊，蝕骨灼心的愴痛，一遍遍叩問蒼天「為什麼為什麼」的劇情，只會出現在言情劇裡。

多年做ＨＲ留下的職業病，我經常拿勞動關係和婚姻做類比。勞動關係是員工與企業的一場聯姻。勞動契約就是一紙婚書，認可雙方的身分地位，也受法律的約束和保護。

離職如離婚，就是解除契約，終止關係，率先遞上辭呈或辭退通知書的那個，就是主動提出離婚的一方。

馬雲說過，員工離職不外乎兩點：一、錢沒到位；二、心委屈了。勞動關係本質上就是一種價值交換。我付出勞動，獲取報酬。我用能力提供價值產出，你就要為此給予等價回報。這永遠是第一原則。

其次，在這個團隊、這個平台工作，我是否快樂，是否被認可，是否有融洽的同事關係和良好的人際氛圍。

而婚姻的解散，原因也不外乎是這兩點，只是順序發生了變化，排在第一位的，永遠是：心委屈了。

一場婚姻合約破裂，究其根本，心的委屈，永遠大於錢的缺失。

01

因為主動提出離婚，S遭受了此生最惡毒的咒罵。

當年，老公堅持要創業，五個月身孕的她隨他舉家南下，定居浙江。

男人志存高遠，信誓旦旦。一年又一年，心比天高，只是分文未見。

在這個精明勢利的世界，他空有北方漢子一腔孤勇，日日呼朋喚友交杯換盞，以為稱兄道弟之後便能成就一番大事業。無奈沒人買帳。

那年孩子出生，花銷日增。他心煩意亂，不顧她產後虛弱，只管肆意發洩，「誰要你這麼早就生孩子的?!」

體諒他賺錢艱難，她從未吃一日閒飯。月子一出便拚著開淘寶小店，生生從兩顆心幹到四顆鑽，裸眼視力從一點五熬到零點八，他冷冷嘲諷，「就你那智商，眼累瞎了能掙幾個錢？」

婆婆提出將孩子送回山東老家寄養，她不肯，耐心解釋長期分離對孩子身心成長的危害，男人一句話丟過來，「我媽能害她親孫子嗎？」

S的網店步入正軌，營收節節攀升，一個人身兼老闆夥計會計倉管，某日物流突發狀況，她餓著肚子處理了一天，耽誤了幼兒園接孩子的時間，他一進家門便張口問責：「你一天天的還能幹點什麼？」

那個夜裡，她悄無聲息地做了決定，平靜地摘下了結婚戒指。

婆家人的不滿和質問排山倒海而來：

「你不能因為他這幾年沒掙著錢就嫌棄啊，還有沒有良心啊？」

「這年頭，男人不賭不嫖不出軌，你還有什麼不知足的？」

「你是不是自己幹點兒買賣外頭有人了？」

S苦笑：「他們永遠不會懂，我為什麼要離這個婚。」

我懂。

婚姻的死亡，不一定都是遭受突如其來的意外和重創。

有一種潰散，是日復一日，剔骨削肉，寒涼沁心，最終讓你，流血到麻木，疲累到孤絕。

讓女人心寒的不是沒錢，是沒錢的谷底更沒愛。

讓女人無望的不是吃苦，是吃苦的同時還受氣。

原想與你共同對抗人世風雨，卻不曾想，這世間最大的淒風苦雨，是你所賜。

02

一九四七年的那個冬天，是胡蘭成與張愛玲的最後一面。那夜他們分房而睡。次日一早，胡蘭成到張愛玲床前吻別。張愛玲伸出雙手緊抱住他，哽咽地叫了一聲：「蘭成……」

自此涕淚漣漣，再無他言。

男人是不會明白的，那是她為死去的愛情，做最後一聲絕響。

從周訓德到范秀美，她看透了他的花心與薄情，也受夠了漫長的煎熬與忍耐。

幾個月後胡蘭成收到張愛玲的訣別信：

我已經不喜歡你了，你是早已經不喜歡我的了。這次的決心，是我經過一年半長時間考慮的……彼惟時以小吉故，不欲增加困難。你不要來尋我，即或來信，我亦是不看的了。

一個女人，只有在痛定思痛心冷如灰之後才會有這般決絕。

張愛玲當然是愛錢的。她說過，「我喜歡錢。因為我從來沒吃過錢的苦。我只知道錢的好處，不知道錢的壞處。」

胡蘭成為她花過錢，她也給胡蘭成寄過錢，即使是在他亡命江湖的避難期間。

每次讀張胡這段情，總忍不住想，**沒有錢，從來不會擊垮一個女人的執著和信念。但，沒有愛，卻會。**

同樣孤絕的女人，還有孟小冬。

十八歲與梅蘭芳遊龍戲鳳因戲生情，從金屋藏嬌到深閨寂寞，她本不是被圈養的鳥兒，甘願為愛委身作小，相信了梅蘭芳所謂的兼祧兩頭。

不求名分，放棄演出，而她得到的快樂，前前後後不過一年光景。

最終讓孟小冬絕望的，有離開戲台的孤寂，有正室福芝芳的刁難，而最重要的，是梅蘭芳的退卻。

在他伯母的葬禮上，眾人當前，她身著素服，頭戴白花，前來奔喪，卻被福芝芳吩咐下人攔在門外。

她顏面盡失，痛心屈辱。

她存體面，忍怒火，等待那個深愛的男人前來為她解圍。

而他尷尬而至，目光躲閃，言語吞吐，怯怯對她說：「你先回去……」

我想，孟小冬的決心，應該是在那一刻下的吧。

多少情絕，皆始於滿腹心酸委屈，無從言說，經年累月。

03

年少時看瓊瑤劇，愛就山無陵天地合，分就天塌地陷山崩地裂。

馬景濤式的嘶喊，劉雪華式的垂淚，在我少女的夢幻裡上演過無數遍。

成年後參演了生活大戲，才知道那些撕心裂肺的哭喊，蝕骨灼心的愴痛，一遍遍叩問蒼天「為什麼為什麼」的劇情，只會出現在言情劇裡。

那煽情，何等膚淺。

一個女子真正的絕望，是連哭泣都調成了靜音模式。

而那些真正的決心，是不必說出口的。

愛與不愛，只能自行了斷。

她曾那麼想與這個人同生共長，血肉相連。卻無奈他，於內，不能同呼吸；於外，不能共進退。最終，抽筋剝皮，噬血削骨，放自己，也放彼此一條生路。

下定決心終結一段情的女人，只因再不願承受這殘忍真相——原來只有你孤身一人，獨自背負著寂寞。

因為愛，所以有不忍和不捨

恩愛是收起無謂的控訴和無心的宣洩，管住任性的惡魔，像對待自己的痛一樣，去體恤對方的苦。

01

歌手田震有首〈怕黑的女人〉很好聽，我特別喜歡。

但你見過怕黑的男人嗎？

前幾天女友們小聚，飯還沒吃完，葉子收了一則簡訊就要匆匆離開。我們不依，刨根究柢，逼她交代簡訊內容。

她無奈呈上手機，是一條電力集團的通知：「因設備搶修，導致××路以東、至××路以西區域不能正常供電，預計三小時內可修復，造成不便深表歉意，感謝您的諒解。」

她不好意地說：「我家那片區停電，我老公自己在家，我得回去陪他。」

一個大男人還會因停電而嚇得躲在房間嚶嚶哭泣？

葉子丟下一句「明天跟你們細說」便匆匆跑路。

第二天在微信群裡，我們從頭聽了一個怕黑的男人的故事。

葉子老公叫大軍，自小有怕黑心結。

大軍父母年輕時是建築工人，文化程度不高，加之生活艱苦，環境粗糙，工作又忙又累，沒有多餘的耐心對待孩子。那個年代的父母普遍缺乏教育意識，信奉的是簡單粗暴。大軍調皮，自小被父母打習慣了，棍棒理論不好使，父母既沒時間陪伴，也沒精力教育，最省心的方法就是把他關進屋，燈繩高高綰起來，讓他搆不著，任他怎麼哭叫都沒人回來。這樣，一個熊孩子就徹底被制伏了。大軍自此對黑暗有了特殊的畏懼，即使到了血氣方剛的二、三十歲，依然保持著一天黑就把燈全開的習慣。

葉子說，剛開始挺煩他這點，甚至有點鄙視——一個大男人怕黑，還能不能有點兒出息？但瞭解他的童年經歷後，覺得很心疼。堂堂七尺男兒，心裡還住著一個被關小黑屋的男孩。那是他的舊傷口，是一個孩子害怕不被愛的、擔心被拋棄的本能恐懼。

葉子說，別人不瞭解，但我懂，我就要陪著他。有時候社區停電，我倆都不用說話，直接一起出門，去附近超市轉轉，或去壓馬路閒溜達。

我聽得心裡很暖。

在不知情的人看來，這是矯情，是幼稚，是懦弱。但在愛的人那裡，它可以被理解、被接納、被體恤。

婚姻雞零狗碎，總能讓我們看到彼此最惡毒的一面。

而一對真正有愛的人，會小心保護彼此的創口，不去做二次撕裂和傷害。

把愛變成一劑溫熱的膏藥，敷在不為人知的暗處，慢慢浸潤，滲透，為對方撫平舊傷，療癒痛楚。

02

想起參加過的另一個飯局。幾位久不聯繫的老同學難得湊一起，各自帶了家屬一起聚餐。酒過三巡後，男家屬們混熟了，信口開河嗨起來。

同學阿芳還是老樣子，脾氣好，話不多，笑咪咪地聽我們幾個女同學麻雀般嘰嘰喳喳。

過了一會兒，阿芳老公讓服務員再搬一箱青啤。阿芳聽後勸阻，「時間不早了，今天別喝了，明天大家都上班呢。」

阿芳老公當即不悅，但礙於同學在場，沒有發作。

我在心裡還默默地讚了他一下，這樣的男人也算難得了吧。

沒想到散場出門後，阿芳老公扳著膀子對另一位同學的老公說：「我懶得惹她，你知道吧，她家有精神病基因，她爹就是個神經病……」

我吃了一驚。

因為自小一起長大，阿芳的身世我們都清楚。她的父親是一個精神病患者，當年是因為強暴了她的媽媽才生下了她。阿芳媽媽不堪忍受恥辱，在她三歲時離家出走，下落不明。阿芳自小被奶奶撫養長大，受盡白眼，嘗遍冷暖，長大後對身世緘口不言。

我本能地看了一眼阿芳，她滿臉漲紅，緊咬嘴唇，催老公快走。

其實那天大家都沒喝多，都是清醒狀態。氛圍瞬間尷尬，阿芳老公卻又轉頭對我們補了一句，「你們的阿芳同學啊，別看脾氣好，只要一提她那神經病爹就得發瘋，哈哈哈……」

阿芳紅著眼圈與我們告別，匆匆上了一輛出租車。燈影搖曳最終消失在寒夜，徒留一地心酸。

無心人認為是玩笑，有心人明白是傷害。而**最怕的，是那個最該有心的人，偏偏無心。**

我不知道她的舊傷，有多少次被這樣有心或者無意地撕裂，舊痕新痛疊加，永遠難以癒合。

03

即使普通人之間，尚懂得「打人不打臉，揭人不揭短」。這個短，不只是一個人的弱勢、劣勢，也是一個人的軟肋、痛點。一個懂愛的人，不會輕易碰觸這個點。

他們知道，那是他愛的那個人內心裡，最無力、最脆弱、最不願示人的地方。

有人說，恩愛就是好好說話。

怎樣才算好好說話？它並不只是和顏悅色，語氣平和。它包括說什麼和怎麼說。

輕描淡寫，不代表沒有攻擊。不動聲色，照樣能令傷痕撕裂。

那些得意揚揚於「一句話就讓ＴＡ崩潰」的人，那些一吵架就痛戳對方軟肋，直至吵贏才罷休的人，他們並不明白——親密關係裡，不去刺激對方最脆弱最不堪的那個短處，你才能夠去享受他的好處，才能得到婚姻帶來的益處。

如果葉子不懂得接納和寬容，總把「男人怕黑沒出息」掛嘴邊，恐怕這世間只會多一對怨偶，因為一次次發洩和傷害而漸行漸遠。

如果阿芳老公肯明白同理的力量，肯理解妻子的痛楚，她原生家庭帶來的自卑和苦難，就會被新生家庭治癒。

恩愛不只是好好說話。恩愛是收起無謂的控訴和無心的宣洩，管住任性的惡魔，像對待自己的痛一樣，去體恤對方的苦。

那天聽到一句話：「我們行走江湖，靠的是心軟。」

是的。婚姻裡摸爬滾打，靠的也不過是慈悲。

我明明知道有些話，可以將對方一擊潰散，但我不說。

我明明知道有些事，可以讓對方瞬間頹敗，但我不做。

為什麼不說不做？

因為愛，所以有了不忍和不捨。

婚姻沒有感同身受，只有冷暖自知

唯有一份真實的愛與寬容，才是我們行走紅塵的鎧甲，撫平內心酸澀，翻越歲月山河。

01

有讀者問我：「姊，你對感情看得好透澈，婚姻肯定特別幸福，不像我們總吵架。」汗顏。

幾天前我還剛跟老公吵了一架。

其實我現在很少吵架了，因為懶。用我的口頭禪就是：費那個精力幹麼，能吵出錢來啊？

這次趕上旅行剛回來，時差沒倒過來，天天頭昏腦脹不舒服，再加上生理期有點煩躁心情不爽，原本十一長假我想回老家一趟，家中很多親戚都半年多沒見我家小寶了，都很想他，於是我就直接通知老公，「放假我們帶兒子回去住兩天，我今晚就訂車票。」

誰知他竟然來了一句，「沒啥要緊事，我就不回了，最近好累，想休息。」

一聽這話我就氣不打一處來，「你大半年都沒和我回去一趟了，親戚不知道的還以為咱倆離婚了呢！」

他哭笑不得，嘆氣說：「唉，那就回，行了吧。」

我一聽那口氣更加上火，關上門一頓劈頭蓋臉，「說得這麼委屈，好像為我做了多大犧牲似的，誰不累啊，又不是光你上班，我還累呢，跟我回個家這麼不情不願的，不回拉倒，誰稀罕……」

然後我就不理他了。

我這驢脾氣一上來，都不打算留著他過節了。

02

中午跟冬姊約飯，藉機向她吐槽。

這麼多年，冬姊一直是我心中的幸福典範。結婚十五年，夫妻恩愛得如蜜裡調油。

姊夫老李是個技術男，最大的愛好就是研究智能電器，家中更新換代最頻繁的就是各大品牌家電的最新款，原因就是不捨得讓冬姊被家務所累。

每次聽這些，我們幾個小姊妹都羨慕得眼睛噴火。

我對冬姊抱怨，「我家那位愈來愈過分了，連陪我回老家都推三阻四不願意。」

冬姊笑，「你這個人呢，刀子嘴，豆腐心，道理比誰都懂，就是倔脾氣上來，三頭牛也拉不住。」

我呸她，「哼，你這種活在蜜罐裡享福的人，哪知我們柴米夫妻的人間疾苦。」

她放下筷子，「我給你講個事吧。你知道老李有個什麼毛病嗎？他對吃飯時間的要求特別嚴苛，幾乎變態，晚一分鐘都不行。每天晚上，我們家必須要在七點之前準時開飯，如果晚了，他就不高興，有時還發脾氣。在你們看來，這種男人，是不是該劃為自私、挑剔、吹毛求疵的渣男？」

「怎麼可能？姊夫對你多好啊！」

「不能理解吧？平時好好的一個人，怎麼一到吃飯這件事上就變得不可理喻，不就是開飯晚了十分鐘嗎？多大個事啊，還至於生氣嗎？但是，我能理解他。

「老李出身農村，家裡兄弟姊妹六個，從小窮得吃不上飯。我們這種沒挨過餓的人，真的無法體會那種見了食物就想往上衝的感受。後來也是因為太窮，養不起孩子，便送他去當兵。那個年代在部隊吃飯真的要靠搶，動作稍慢就沒了，吃不上活該，沒人管，只能餓著。直到現在，他吃飯也是狼吞虎嚥慢不下來。所以，在他的內心深處，其實是對吃飯有陰影，所以才有執念。我理解了他的過去，才願意原諒和接納他的現在。」

「其實這也不算毛病，姊夫別的事上都對你特別好啊，連個碗都不捨得讓你洗。」我感慨。

「對，我要說的就是這個。你知道我為什麼不洗碗嗎？小時候家裡親戚多，我爸是家中老大，家鄉風俗又愛鬧騰，每年大節小節、孩子生日、老人壽辰，七姑八姨拖家帶口都來我家吃飯。那時沒有飯店，來多少客人都得在家裡招待。碗碟不夠就去鄰居家借，一張桌子坐不下就在院子裡再搭兩張。一頓飯吃完，杯盤狼藉堆成山，全是我負責洗。中午吃完就得趕緊收拾，因為晚飯還得繼續用。晚飯用完更要抓緊洗完，因為還得給鄰居還回去。所以從那時起，我就留下了心理陰影，特別痛恨洗碗。

「結婚以後，我很喜歡做飯，但堅決不洗碗。老李從一開始就承包了這項任務，要是趕上他出差，就讓我直接把碗放在水槽裡，等他回來洗。後來有了洗碗機，他第一時間買回來，說以後要是他加班出差，就讓洗碗機代替他。

「你看，如果只看某一點，我這種把碗扔在水槽裡攢著，寧可等老公回家洗的女人，絕不是一個好妻子，而老李這種因為開飯晚了就生氣的男人，也絕不是一個好丈夫。

「**但我們是愛人，是親人，所以才更要體恤彼此偏執背後真實的原因，那是我們各自心裡的陰影和痛處，婚姻哪有什麼感同身受，愈往後走，最難得的，是對彼此的慈悲。**」

那一刻，我重新瞭解了冬姊夫婦。

也許所有婚姻，都像月亮的陰陽面，外人只看皎潔美滿，而坑坑疤疤的那一面，留給各自接納，各自消化。

冬姊說：「你家劉同學說想過節休息，也沒什麼錯啊，難道還不許人家累嗎？而且你一不高興，人家馬上同意去，但你又開始不滿意態度。你們這些雞湯作家，聽多了什麼不該把最差的一面留給最愛的人之類的話，其實，夫妻恰恰就是只能把最差一面暴露給彼此的人，因為沒處躲。「你養個小貓小狗，心情好了逗一逗，心情不好就晾一邊，但兩口子都是人，天天都得面對。外面願意哄你的人，也只是有心情的時候哄哄你，沒心情的時候都躲得遠遠的，可只有夫妻，所有的苦和累，所有的煩和難，都要在你面前暴露，你不能因為這一點，就說他不夠愛你。」

我承認冬姊說的是對的。

我去歐洲旅行十天，他在家天天帶孩子，我回來之後，他又要緊鑼密鼓地安排應酬，要趕在節前把人情往來打點完。

累嗎？肯定累。

婚姻是一席華美的袍，上面爬滿了蝨子。**親密關係，其實是一個彈性空間，並沒有絕對的對與錯。我們不能只想看對方風光堅強，卻不願見他疲憊風霜。**

再好的婚姻，也從無感同身受，只有冷暖自知。這是生活的真相。

《論語・子張》有一句：「如得其情，則哀矜而勿喜。」用張愛玲的話說，也許就是：「因為懂得，所以慈悲。」懂得你不為人知的傷口，懂得你無法言說的苦衷，懂得你脆弱背後的滿目瘡痍。

因為愛，一切才都值得被寬宥，一切才值得被諒解。

世事紛紜，情欲萬丈，愛情愈來愈像快餐。

唯有一份真實的愛與寬容，才是我們行走紅塵的鎧甲，撫平內心酸澀，翻越歲月山河。

請給我一個滿足欲望的擁抱

如果所有愛情與生活都將以鋒刃相交，
我們願各自背負欲望，走過遠征路上的艱難坎坷。

01

社區附近新開了一家日料店，老闆是一對「九十後」小情侶。有時週末我獨自在家寫稿，寫餓了就披件大衣出門，去店裡點一碗海鮮烏龍麵。

原木裝修，手寫餐單，卡座吧檯，靜謐溫暖。

去得多了，慢慢熟絡起來。小夥子叫大勇，女孩叫小美。他們曾在北京頤和園旁的星級酒店工作。大勇是日料大廚，小美是前廳接待。每天風塵僕僕奔波勞碌，令他們厭倦了帝都生活。去年夏天來到青島旅遊後，他們回去辭掉了工作，盤下了這間破舊的小店面，改造成了日料店。

不臨街，靠海近，店面小，房租便宜。大勇當主廚，小美當接待兼收銀。兩人話不多，總是笑咪咪的。

小店生意很好，每天預訂滿滿，有時我臨時去沒有位子，小美溫言細語地道歉，「姊，不好意思啊。」

他們忙得不亦樂乎，像快樂的蝶。

有時我深夜回家，路過時總忍不住往裡看一眼。店裡已打烊，門口拉上竹簾，路邊霓虹斑駁，店內光影依稀，兩個人擁抱著，依偎著，嘻嘻哈哈一起刷手機。這便是最好的時光吧。愛是糖，辛苦疲累都甘之如飴。那笑容清澈明亮，不見頹唐，不見風霜。

這樣的依偎和擁抱，我們多久沒有過了？

02

張愛玲在《半生緣》裡寫：「對於三十歲以後的人來說，十年八年不過是指縫間的事，而對於年輕人，三年五年就可以是一生一世。」

愛的時候，我們相信那就是此生此世了。

歡喜，跳躍，瘋狂，執著，那個人，讓世界從此不同了。

像詩裡寫的：「我欲與君相知，長命無絕衰。山無陵，江水為竭，冬雷震震，夏雨雪，天地合，乃敢與君絕。」

也像陝北民歌裡唱的：「一碗碗個穀子兩碗碗米，面對面睡覺還呀麼還想你。」

我們那樣濃烈熾熱地愛過。相思纏綿入骨，愛戀捨生忘死。

中年後感慨零落，不過只因為，那樣的愛情，我們擁有過，最終還是失去了。

愛情是一塊糖，光澤盈潤包裝精美，誰看了都想要。

婚姻是糖放進水裡，慢慢化開，慢慢消耗，最後成了一杯渾濁的水。明明還有甜味，但看那樣子就讓人不想下嘴。

愛只是緣起，而後面的故事，卻需要各種成全才能續寫下去。

命運，機緣，境遇，有人煢煢獨行，有人策馬揚鞭，有人茫然四顧，有人推杯換盞。

那些有幸走入婚姻的男女，各自經歷著良莠並茂、五味雜陳。

他在外面對誰都好，唯獨回家對你沒有耐心。你在外面處處和善，偏偏對枕邊人口出惡言。曾幾何時，我們變得孤獨又自私，只想要被愛的感覺，不想要愛的煩瑣。慨嘆唏噓裡，幾乎不再有耐心磨合下去。經年累月，面目全非。

03

週末，朋友兩家小聚。微醺之際，兩男人一起舉杯，敬各自的妻。

R說：「我脾氣不好，很多事做得不夠，老婆為我犧牲了很多。」

R的太太當場淚崩。

為生老二，她辭去高薪的工作，甘當兩年全職太太；為成全他的小老闆夢，她從首席設計總監變身小麵館收銀員。

我懂她淚奔那一刻的脆弱。

R攬她入懷，為她拭淚。經年辛酸，哽咽難言。她等待的，不過就是一個擁抱。愛情裡誰不曾是神的孩子，後來皆被打入柴米凡間，無一倖免。

我知道**所有選擇都無可厚非，無非是能過得了自己這一關。該放下的放下，該背負的背負，該堅守的堅守，該讓步的讓步。**

女人就是這樣，身經百戰，成了熟女中的戰鬥機。

我和R的妻一樣，曾那麼渴望一個懂得的擁抱。像十五年前戀愛的海邊，月夜，大雪，風天。我們無處可去，他將我擁在懷裡，我們恨不能一夜老去，不管今夕何夕。

而後來，我們從吟誦「青青子衿，悠悠我心，縱我不往，子寧不嗣音」，到感慨「至高至明日月，至親至疏夫妻」。

被生活揉搓過的愛情，皆有疲憊渙散的時刻，我們一步步行至如今，當年的愛情成為泥沙俱下裡的餘燼。

04

直到有一年，我去問我媽，為什麼跟我爸吵了一輩子，到底還是沒離婚。

她朝我翻了個嫌棄的白眼，「還不是因為你？我就想著，不能讓你長大了，結婚的時候，人家男方父母上台，你這邊缺爹少娘的，讓婆家看不起。」

其實我知道她口不應心。

我的父母十五歲相識，二十歲相戀。一起從青蔥行至暮年。婚姻裡爭吵過，撕扯過，失望過，掙扎過。可終究，兵荒馬亂的生活依然記下了那些美好與溫情的時刻。一起在車間當臨時工，一起下地偷苞米，他珍藏著她用塑膠繩編的鑰匙扣，她積攢著他為她畫過的水墨畫。

那些真摯的，溫暖的，從開闢鴻蒙到地老天荒的情愫，誰都無法取代。像兩株植物，成為彼此的一部分，長出交纏的枝枝蔓蔓。

愛過的人，以何為憑？

因為路過你的路，因為苦過你的苦。

電影《芳華》的最後，何小萍說：「能抱抱我嗎？」

劉峰伸出僅存的一隻手臂，將她攬入懷中。

一個遲來的擁抱，最後的相依為命。

如果所有愛情與生活都將以鋒刃相交，我們願各自背負欲望，走過遠征路上的艱難坎坷。

即使終有一天，江湖聚散。

此刻，請給我一個扎扎實實、發自肺腑的擁抱。

桃心話

01

來信：

我和老公是大學同學，自由戀愛，很美好，後來我們在北京從零奮鬥，從合租房開始，受盡仲介欺負，後來換房子，再後來有了自己的小房子。

我們終於結婚了，買了車，又換了大房子，後來有了孩子，他對我一直很好，我無憂無慮，日子真的想不出有什麼不好。

有孩子後他換了一份工作，去南方長期出差。我餵奶睡不好覺，他出差的工作也很累，我們開始吵架，開始互相抱怨。

後來，他每次回來都挑家裡的不是，哪都不好，每次都吵架。直到一次休長假，我偷看了他的手機，發現了他出軌的事實。那個女孩朋友圈裡的照片讓我痛不欲生。他人在我身邊時還在和她說著想你的話，半夜我拿著手機，默默地哭。

我決定忍耐，先不說，看他的態度，結果第二天他還是各種不順眼、吵架，我忍著和他按照原計劃回了老家帶著孩子看他媽媽，但他依然心不在焉，不停地發信息。

後來我們攤牌了。我心裡以為他會給我一個解釋，然後我們還會好起來的，是我太天真了，他把事情想得太簡單了。他說可以離婚，他淨身出戶。我說我願意原諒，一切重新開始，我們一起努力解決問題，他說他受夠了，家裡太煩了，他想逃離，逃離我和孩子，逃離這個家。

他很快又出差了，那個女孩就在他出差的城市。走後一個月，他態度愈來愈冷漠，我什麼都抓不住，還不敢問，天天變著花樣地關心他，聯繫他。他態度愈來愈不好，一個月後他回了家，看起來沒什麼區別，但是我心裡愈來愈涼。

他說離婚，我的孩子只有一歲幾個月，我不想他沒有爸爸，我也不想失去他。

我還是不停地聯繫他，關心他，但是他愈來愈冷漠，孩子生病，我父母生病，我生病，他全然不管，我的心沉到谷底。他在外地生病也不讓我去，我擔心投鼠忌器，把機票退了。

這幾天他終於回來了，回來就說了離婚，他說他累了，受夠了，所有的感情都不想考慮了，就想為自己活，什麼孩子、家庭、責任都不想管了。就是要離婚，要自己開始新生活。

我不想離婚不想放手，我知道自己有錯，我想改變，想要這個家，這個人，不想我的孩子沒爸爸，孩子是無辜的。但是他很堅決。他現在要離婚財產一人一半，說自己當時提出淨身出戶太不理智了。

現在事情已經有點狗血了，他開始為自己打算。我希望絕處逢生，但是找不到出路。

我本來是個堅強、果斷的人，剛畢業時做銷售，月月都是銷售冠軍，周圍追求我的人很多。這些年轉了文職，確實太安逸了，老公又寵著，我都已經不是我自己了，現在就好像一個沒有腿的人，被逼著去跑去跳。

我很茫然，不知道該怎麼生活，孩子也不知道要不要，我覺得這樣的自己根本承擔不起帶孩子的重任，我是個沒有能力的媽媽。我爸媽勸我要孩子，再苦再難都能過去，但是我一想到以後孩子跟了我，他爸爸又那麼狠，就真的沒有爸爸了。

看了你所有的文章和書，那種通透和豁達正是我沒有的，所以冒昧發了信息。我現在真的很迷茫，不知道這半年怎麼過，請幫幫我，謝謝！

期盼您的回覆。

回覆：

兩個人從大學情侶，到結髮夫妻，從一窮二白，到三口之家，中間要熬過多少白手起家的辛勞時光，撐過多少一無所有的清苦歲月，我特別懂。所以更明白，這種出軌最傷人。年少時所有艱難困苦都一起走過來了，卻在有車有房有娃，一切都趨向美滿的時候，斷裂了。

你現在一定正承受著煎熬之苦，撕裂之痛。

離婚從來不是一件容易的事。我們看過那麼多出軌經歷，聽過那麼多婚外案例，只有局外人會不假思索地叫囂「馬上離婚，讓他滾」。女人稍微猶豫、踟躕、糾結一下，似乎就是窩囊、沒自尊、不獨立。

並不是這樣的。**你是被傷害的那一方，你有權哭泣，有權痛苦，甚至有權軟弱。**

只是，現在我們需要探討的是，你哭泣痛苦軟弱之後，接下來需要做什麼？

1. 看清殘酷的真相，接受人心的薄涼

他的外遇出現在你們有了孩子又兩地分居的階段。

養孩子絕對是中國婚姻的照妖鏡，沒外遇的都能吵得離婚，更別說內憂外患雙重夾擊。你們的初衷是好的，換份工作，哪怕長期出差不能日日團聚，可以多賺點錢，讓日子過得更好。

可對於任性的男人，天高皇帝遠，稍一放縱，就會「犯了天下男人都會犯的錯」。

他回家當然會煩，外面有人溫言軟語柔情蜜語，這頭孩子一會兒哭一會兒鬧一會兒拉一會兒尿，虛弱疲憊的妻子用抱怨向他索求關愛，他不想承擔，不想負責，只想逃避，逃回遠方的溫柔鄉，春宵一刻醉生夢死。

而發現他出軌後，你急於亮出了自己的底牌：願意原諒。

你以為你率先表明態度，給他個台階下，你的大度可以讓他感動、內疚、幡然悔悟、重回家庭。

可惜並沒有。他沉迷在婚外情裡無法自拔，橫豎看你不順眼，各種挑剔，各種指責，各種嫌棄，各種抱怨。

在這場交鋒裡，你顯然是弱勢。他看透了這一點，所以敢步步緊逼愈來愈放肆。一開始還算

有點廉恥，主動說自己淨身出戶，後來一看你這麼好欺負，乾脆明目張膽地算計起來。

他毫無愧疚，不思悔改，將你的關心和寬容，連同尊嚴一起踩在腳下，碾成碎片。

這世上，最溫暖的是愛，最涼薄的是不愛。女人總是不明白，男人狠起心來怎麼會像變了一個人。我告訴你，自私的人都這樣。

他不知道這些事會傷害你嗎？他不懂得這些話會刺痛你嗎？

他都知道。但他還要去說，去做，因為他只考慮自己，他的心裡只有他自己的利益。

2.你可以哭，但別哭太久；可以軟弱，但不能一直軟弱

你想挽回，並不代表你還愛他。即使你覺得自己還愛他，事實上，你愛的也已經不是眼前的這個他，而是以前的那個愛著你，寵著你，無微不至對你好的男人。

你說，怕孩子沒爸爸，不如說，你怕的是一個人重新面對生活。

一個人被迫打破原有的習慣，告別原來的生活，都會心生恐懼。可如果你戰勝不了這種恐懼，就會被它奴役、控制、玩弄，它讓你一次次像個小丑，想妥協，想認錯，想哀求，跪地乞憐，苦苦挽留。

其實你不是不懂，心早已冷透。

孩子的確是無辜的，沒有任何人願意讓自己的孩子在單親家庭中長大，他那麼弱小，無力決定自己的宿命。愈是這樣，他愈需要一個理智、強韌的媽媽。你去看看電視節目《動物世界》

裡，每個母獸都是要把自己養強壯，才有能力保護幼崽。

這次創痛，讓你痛苦地死了一回，但死過之後，人必須要變聰明，變強大，變堅韌。別再去求，別再去取悅，別再去示好。打起精神先打理好自己的生活，而不是被他的一舉一動牽著鼻子走。

離不離婚，在你沒有最後想清楚之前，不用急於做決定。就算要結束，也不是他一句話說了算的。你有權拿回自己人生的主動權。

不要念舊，不要沉迷於從前恩愛的回憶。

好合好散，一別兩寬，是理想結局。但從他現在的行為來看，已經是不可能了。該留的證據要留，該找的律師要找，他已經開始算計財產了，你別像個傻瓜一樣被暗算。感情基礎解決不了問題，良心到最後一步也未必管用。能裁決的，只有冰冷的法律。

3.當你重新成為你自己，離婚出軌算什麼

你的整篇文字中最讓我高興的是，你提到自己曾經那麼優秀那麼棒。

一個初出茅廬的女大學生，能夠脫穎而出成為公司銷售冠軍，你一定有自己的過人之處。不過是這幾年貪圖安逸，把重心轉到了家庭，原來的利刃生了鏽。怕什麼？磨一磨就是了。重新把自己的優勢找回來，你才多大？孩子剛一歲，最好的年齡才剛剛開始。我的讀者裡，有無數像你一樣曾經身陷困頓，憑著一口氣、一雙手，重新活出自己的年輕媽媽。

你要重新成為真正的自己，那個充滿鬥志和能量、月月衝銷售冠軍的女孩。生活上，從工作、從賺錢入手。別說自己不行，你從前行，以後就也能行。情感上，實在想不開，就去醫院走走，看看人間百態，生死無常，你就會明白，人間四苦生老病死，沒有離婚這一項。

還是不行，就去墓地逛逛，你會知道，好好活著已是最大的奢侈，男人出軌算什麼。親愛的，就算最後，你仍然捨不下這個人，仍然想挽回，你也要明白：**最好的挽回，是活成一個更好的自己，而不是認錯流淚抱大腿。**

鳥兒能站在一根樹枝上從容歌唱，不是因為樹枝不會斷，而是牠知道自己會飛。

02

來信：

姊，我每月工資一千多，做服裝銷售。入職前在家帶了三年孩子，被婆婆罵不自己賺錢（在此之前她經常給我零花錢），各種羞辱後，我毫不猶豫把孩子送去幼兒園，自己出來上班。可是孩子以哭鬧、感冒各種方式抗議去學校。真心好累！我不想把孩子交給婆婆帶，因為她一直以來覺得孩子是他們家的，甚至當面說媽媽不能跟孩子親，她有什麼資格說這樣的話！我現在雖然一方面要顧孩子，一方面要工作，回家還要幫忙家務。這些很累，可是我最迷茫最無助的是在小農村，我該何去何從，我不甘賺著一個月千把塊，我想賺很多錢，我想能獨立照顧孩子。

作為母親，我需要足夠強大的力量來為孩子遮風擋雨，而前提是先自力更生。脫離社會多年，該怎麼選擇？

回覆：

生而為人，每個人都值得擁有美好，每個努力的母親，都配得上更好的生活。

不知道你老公哪去了，你自始至終沒提一句。首先，他對家庭和孩子有責任，不該把養家養娃的責任都扔給你。

其次，婆婆的觀念只能遠離，改變不了。你一定要堅持去工作的信念。

第三，無論農村和城市，這個時代都有商機。你需要的是擁有一項經得起考驗的技能。多學習，多嘗試，受農村現實條件限制，就多研究互聯網，比如電商、微商代理，包括你現在做服裝銷售也沒問題，去研究市場，學習產品，學習行銷，提升服務。

為母則強。當你啟動了勢在必行的能量，就有機遇和資源會來幫你。這是一個靠實力說話的時代，無論婚姻還是生活。

03

來信：

我看孩子五年，孩子上幼兒園了，我找工作。後來到老公店裡上班，結果夫妻關係急轉直下。這樣下去，互生不滿，也厭倦了婚姻。我的選擇錯了嗎？

回覆：

我不太提倡夫妻共事，當然也有夫妻共同創業做得非常好的好案例，這離不開天時地利人和，更離不開兩個人的理性智慧。大多數人很難做到。女人在家帶娃五年，除非有非常強的自律和學習能力，否則難免會與社會有脫節，這也是全職媽媽特別辛酸的一點。

但問題是，你給自己的老公打工。他從老公變成老闆，理所當然地對你發號施令，看不慣的要批，做不對的要改，若是情緒管理能力再差點的，把昨晚隔夜仇帶來今天的工作裡也是家常便飯。你的價值很難以從夜裡是老公白天是老闆的那個男人那裡得到認同，反倒外來的和尚會念經。你的功勞也很難體現，做得好，他覺得你應該的。做得差，他覺得給他丟人了。

而你呢？你可能覺得自己不是來打工的，是來當老闆娘的。你會不由自主地認為，你有資格參與決策，看不慣的地方也有權力勒令整改，但你老公習慣了一人獨大，如此一來，必生厭煩。角色發生變化，心態和思維不變化，關係必然急轉直下。

夫妻店其實是對兩個人很大的挑戰，需要雙方都有足夠的情商和智慧。

如果現在做不到，就換個工作吧。給誰做事不都是做事，只要能掙回錢。少了這些生氣和羈絆，說不定你能更大展拳腳，令老公刮目相看。

04

來信：

我這麼努力變美，學習，不是讓我媽媽給我在所謂的相親角上找個不搭的男人！我不懂為什麼生兒子的媽媽都會覺得自己兒子特別優秀。而我媽媽只想我能嫁出去就好，隨便誰都可以。

回覆：

中國式家庭有兩點一直被詬病，一是界限不清，二是孝就要順。你媽媽其實這兩點都占了。但不要緊，你已經成年了，而且在不斷地學習和提升，媽媽沒有的界限，你要有。媽媽堅持的做法，你有權不順從。

你很大的痛苦，不只是來源於媽媽催婚這件事，而是對她有隱藏的憤怒——她為什麼不能真正地愛你？她為什麼急於像降價處理一樣處理掉你？她為什麼不能考慮你真正的需求和感受？她為什麼這樣不負責任地對你？

親愛的，可能終其一生，你都無法改變這樣一個媽媽，但你可以做你自己，所以，從今天起，請對媽媽平和而堅定地說：**「想讓我和誰結婚，那是你的事。要和誰結婚，那是我的事。」**

05

來信：

桃姊，我是個很消沉的人，對什麼事都積極不起來，工作一般，收入不高，沒有對象，生活真的太沒勁了。很羨慕你們這樣活得精采的女人，可我不知道怎麼樣才能變成你們那樣的人，沒什麼特長也不知怎麼掙錢，關鍵也沒動力，可我還不到三十歲，人生就要這樣渾渾噩噩地過嗎？

回覆：

現在爬起來，去最高檔的商場，試最貴的衣服。當售貨員說：「小姐這件衣服很適合你，幫你包起來吧，刷卡還是現金？」一時，你大聲說：「我很窮，沒錢買。」然後記住那一刻全店的人的眼光。

被現實狠狠打過臉就知道怎麼做了。

國家圖書館預行編目資料

此生聚散，你要敢愛敢當／李愛玲著. --初版. --臺北市：寶瓶文化, 2019.5, 面； 公分. --(Vision；176)
ISBN 978-986-406-157-0(平裝)
1.兩性關係 2.女性

544.7 108005744

Vision 176

此生聚散，你要敢愛敢當

作者／李愛玲

發行人／張寶琴
社長兼總編輯／朱亞君
副總編輯／張純玲
資深編輯／丁慧瑋 編輯／林婕伃
美術主編／林慧雯
校對／丁慧瑋・劉素芬・陳佩伶
營銷部主任／林歆婕 業務專員／林裕翔 企劃專員／李祉萱
財務主任／歐素琪
出版者／寶瓶文化事業股份有限公司
地址／台北市110信義區基隆路一段180號8樓
電話／(02)27494988 傳真／(02)27495072
郵政劃撥／19446403 寶瓶文化事業股份有限公司
印刷廠／世和印製企業有限公司
總經銷／大和書報圖書股份有限公司 電話／(02)89902588
地址／新北市五股工業區五工五路2號 傳真／(02)22997900
E-mail／aquarius@udngroup.com

法律顧問／理律法律事務所陳長文律師、蔣大中律師
如有破損或裝訂錯誤，請寄回本公司更換
著作完成日期／二〇一九年一月
初版一刷日期／二〇一九年五月二十二日
初版三刷日期／二〇一九年九月十八日
ISBN／978-986-406-157-0
定價／三三〇元

AQUARIUS 寶瓶文化事業

愛書人卡

感謝您熱心的為我們填寫，
對您的意見，我們會認真的加以參考，
希望寶瓶文化推出的每一本書，都能得到您的肯定與永遠的支持。

系列：Vision 176 **書名：此生聚散，你要敢愛敢當**

1.姓名：＿＿＿＿＿＿＿＿ 性別：□男 □女

2.生日：＿＿＿年＿＿＿月＿＿＿日

3.教育程度：□大學以上 □大學 □專科 □高中、高職 □高中職以下

4.職業：＿＿＿＿＿＿＿＿

5.聯絡地址：＿＿＿＿＿＿＿＿＿＿＿＿＿＿＿＿

聯絡電話：＿＿＿＿＿＿＿＿ 手機：＿＿＿＿＿＿＿＿

6.E-mail信箱：＿＿＿＿＿＿＿＿＿＿＿＿

□同意 □不同意 免費獲得寶瓶文化叢書訊息

7.購買日期：＿＿＿年＿＿＿月＿＿＿日

8.您得知本書的管道：□報紙／雜誌 □電視／電台 □親友介紹 □逛書店 □網路 □傳單／海報 □廣告 □其他

9.您在哪裡買到本書：□書店，店名＿＿＿＿＿＿ □劃撥 □現場活動 □贈書

□網路購書，網站名稱：＿＿＿＿＿＿ □其他＿＿＿＿＿＿

10.對本書的建議：（請填代號 1.滿意 2.尚可 3.再改進，請提供意見）

內容：＿＿＿＿＿＿＿＿＿＿＿＿

封面：＿＿＿＿＿＿＿＿＿＿＿＿

編排：＿＿＿＿＿＿＿＿＿＿＿＿

其他：＿＿＿＿＿＿＿＿＿＿＿＿

綜合意見：＿＿＿＿＿＿＿＿＿＿＿＿＿＿＿＿＿＿＿＿

11.希望我們未來出版哪一類的書籍：＿＿＿＿＿＿＿＿＿＿＿＿＿＿＿＿

讓文字與書寫的聲音大鳴大放

寶瓶文化事業股份有限公司

（請沿此虛線剪下）

廣　告　回　函
北區郵政管理局登記
證北台字15345號
免貼郵票

寶瓶文化事業股份有限公司　收

110台北市信義區基隆路一段180號8樓

8F,180 KEELUNG RD.,SEC.1,

TAIPEI.(110)TAIWAN R.O.C.

（請沿虛線對折後寄回，或傳真至02-27495072。謝謝）